ADAC Reiseführer

Mauritius

und Rodrigues

von Martina Miethig

Intro

Unterwegs

SHRI SHIRDI BABA

Rodrigues – die ungleiche Schwester 109

Mauritius Kaleidoskop

Karten und Pläne

Service

Leserforum

Die Meinung unserer Leserinnen und Leser ist wichtig, daher freuen wir uns von Ihnen zu hören. Wenn Ihnen dieser Reiseführer gefällt, wenn Sie Hinweise zu den Inhalten haben – Ergänzungs- und Verbesserungsvorschläge, Tipps und Korrekturen – dann schreiben Sie uns bitte:

Redaktion ADAC Reiseführer
ADAC Verlag GmbH
81365 München
verlag@adac.de
www.adac.de/reisefuehrer

Mauritius Impressionen

Paradies auf Erden

Ein winziger Fleck im Indischen Ozean, auf der Weltkugel fast nur mit Lupe wahrnehmbar: ein Eiland – oval, grün, vulkanisch – irgendwo im Dreieck zwischen Afrika, Australien und der Antarktis. Eine Insel, von der alle träumen. Wer den Namen Mauritius hört, gerät sofort ins Schwärmen, hat aber meist keinen blassen Schimmer, wo genau dieses Traumland liegt. In der Südsee? In Afrika? Bei den Malediven? Vielleicht in einem Fantasie-Märchenland fernab des Planeten?

Mauritius erscheint tatsächlich wie die Kulisse in einem Fantasyfilm. Es sind die **Berge**, die der Insel ein fast verwunschenes Antlitz geben: spitz wie Zipfelmützen, kegelförmig oder turmartig. Sanft ansteigend wie Meereswellen oder steil in den Himmel gereckt wie zu Stein erstarrte Angeber. Gekrönt von Felsbrocken, die auf einer Nadelspitze zu balancieren scheinen. Keiner sehr hoch, aber alle majestätisch, erhaben und bizarr. Die grünen Kegel schieben sich aus dem flachen Land in eine Höhe bis maximal 828 m, unendlich weite **Zuckerrohrfelder** – wie ein gigantisches Puzzle über die Insel verstreut – umgeben ihre Flanken.

Oben: *Die Rockzipfel hoch zu ekstatischer Musik – die Sega ist der Rhythmus von Mauritius*

Rechts: *Palmen, weißer Sandstrand und kristallklares Meerwasser – paradiesische Verhältnisse im Le Paradis zu Füßen des Felsmassivs Le Morne Brabant*

Rechts oben: *Trois Mamelles (vorne) und Rempart – markante Bergformen zeugen vom vulkanischen Ursprung der Insel Mauritius*

Märchenland im Indischen Ozean

Hier könnten Dinosaurier oder Märchenfeen leben. Und hat nicht sogar Gott Mauritius als Vorlage für sein Paradies benutzt, wie Mark Twain einst schwärmte?! Auch Joseph Conrad, Charles Baudelaire und Charles Darwin haben sich von der Landschaftspracht und den charmanten Bewohnern verzaubern lassen. Wie heutzutage die Reichen, Mächtigen und Schönen aus aller Welt, die die kleine Insel im Indischen Ozean – 1800 km vor der Ostküste Afrikas, genauer: 855 km östlich von Madagaskar liegend – zu einem der Hauptreiseziele des internationalen Ferntourismus machen.

Vielleicht liegt der Zauber im **vulkanischen Ursprung** der Insel: Mauritius könnte die Spitze einer gewaltigen Vulkankette zwischen den Seychellen und der nahe gelegenen Insel Réunion sein – eine vor Jahrmillionen im Indischen Ozean versunkene Welt. So schroff die mauri-

tischen Berge auch aussehen, so zahm sind sie im Inneren – kein einziger spuckt mehr Lava. Wer am Vulkanrand **Trou aux Cerfs** in Curepipe im Inselzentrum oder auf dem **Piton de la Rivière Noire** steht, kann den Blick fast über die gesamte Insel schweifen lassen: Er sieht ein Meer aus Grün – ideal zum Wandern und Trekking – vor dem realen tintenblauen Meer. Was für ein Potenzial für eine Insel, die bisher ›nur‹ als erstklassiges Bade- und Taucherziel gilt!

Das **Korallenriff** birgt maritime Überraschungen in allen Farben des Regenbogens, es schützt nahezu die ganze Insel wie ein kreisrunder Wall vor den Gewalten des Meeres und hat mit seinem bunt schillernden Fischreichtum Mauritius Ruhm bei Tauchern und Sportfischern eingebracht. Die Gewässer weiter draußen zählen gar zur Weltspitze in der Hochseefischerei, Grande Rivière Noire an der Westküste ist steter Treffpunkt der Marlin-Enthusiasten. In tausend Schattierungen schimmert der Ozean: indigo bis aquamarin, smaragdgrün bis türkis. Die stets angenehm temperierte **Lagune** hinter dem Riff endet an feinsandigen, alabasterweißen **Stränden** – Trou aux Biches, Grand Baie, Belle Mare Plage, Île aux Cerfs, um nur einige dieser Plätze mit wunderbarem Inselflair zu nennen. Segeljachten und Katamarane ankern in sichelförmigen **Buchten**, etwa

der bezaubernden Baie du Tombeau im Norden, historische Schoner und traditionelle Pirogues hissen ihre Segel und nehmen die Urlauber mit auf einen Törn entlang der 177 km langen Küste – hinaus in dieses sagenhafte Farbenspiel des Meeres.

Nur im **Süden** prallt der Indische Ozean mit aller Macht gegen die zerklüftete Küste, was auch seinen Reiz hat. Hier an den steilwandigen **Klippen**, bei Le Souffleur oder dem Kap Le Gris Gris, im Angesicht der Meeresbrecher, kann der Reisende sich in die Seeleute hineinversetzen, die vor vier Jahrhunderten an der menschenleeren Küste vor den Zyklonen Schutz suchten. Dann werden vielleicht auch Geschichten von **Piraten** wieder lebendig, die sich nach Mauritius zurückzogen und hier vermutlich ihre Schatztruhen vergruben, und von den ersten **Siedlern** aus Holland und Frankreich, die noch gegen Malaria, Pest und Cholera, gegen Feuersbrünste und Sümpfe ankämpfen mussten. Bei diesem Überlebenskampf fern der Zivilisation aber hat der Mensch viel von der ursprünglichen Flora und Fauna zerstört, allem voran die kostbaren Edelholzwälder. Fluch *und* Segen brachte eine Hinterlassenschaft der Holländer: der **Zucker**. Noch heute ist Mauritius fast zur Hälfte von Zuckerrohrplantagen bedeckt – die reinste Monokultur, dafür ist Zuckerrohr widerstandsfähig gegen Stürme und Klima, zudem wichtiges Exportgut und Devisenbringer.

Seinen größten Ruhm – dem Namen nach – verdankt der Inselstaat einem zerstreuten Graveur: Die Schlafmütze hatte 1847 zwei Worte auf der Druckplatte für Briefmarken verwechselt und damit un-

beabsichtigt Fehldrucke von unschätzbarem Wert geschaffen – seitdem spielt die Welt der Philatelie verrückt. Nur noch für Millionen-Dollar-Summen wechseln

die **Blaue Mauritius** und ihre orangerote Schwester ihre (anonymen) Besitzer.

Spektakuläre Vogelwelt

Weltweit einzigartig ist auch der **Mauritius-Falke** – ein gefiedertes Prachtstück, eine Diva in der Vogelwelt. Was für ein Erlebnis, wenn dieser einst vom Aussterben bedrohte Greifvogel heute im **Black River Gorges National Park** im Südwesten oder in der **Domaine du Chasseur** an der Ostküste heranschwebt und dem Führer durch das grün-bergige Revier den Spatzen-Köder aus der Hand schnappt! Dann fängt auch der Fremde an zu verstehen, wieso Tierschützer jahrelang wie von allen guten Geistern verlassen in den Felsnischen auf Mauritius herumkraxelten, immer auf der Suche nach den letzten vier Vögeln weltweit, und ihr Leben dieser Schönheit im gesprenkelten Federkleid widmeten. Ein anderer Vogel hatte nicht solch ein Glück und solche Verbündete – und ist trotzdem noch immer eine Berühmtheit: der fettleibige, flugunfähige **Dodo**. Der truthahnähnliche, einst behäbig über die Insel watschelnde Vogel ist heutzutage nur noch als Holzspielzeug zu sehen, ausgestopft im Museum, auf T-Shirts oder Briefmarken. Die holländischen Kolonisten haben um 1600 erst über diesen hässlichen Vogel gelacht und ihm dann, keine 100 Jahre später, den Garaus gemacht.

Damals waren andere Errungenschaften wichtig: die erste Pferderennbahn ›auf der südlichen Halbkugel‹ und das erste Theater im Hauptort **Port Louis**, der erste botanische Garten in **Pamplemousses** ... Und immer noch prahlt Mauritius mit **Superlativen**: Die Insel hat die niedrigste Analphabetenrate der Welt, ist nach den Seychellen das zweitreichste und dynamischste Land Afrikas – ein afrikanischer ›Tiger‹-Staat auf dem Sprung, mit Wachstumsraten wie man sie sonst nur aus Asien kennt. Es gibt weder nennenswerte Arbeitslosigkeit noch Diktatoren und keine Probleme mit Ureinwoh-

Links oben: *Hindu-Frauen im Schatten des hauptstädtischen Konsumtempels – Le Caudan Waterfront am Hafen von Port Louis*
Links Mitte: *Baum in Rot – flammende Flamboyants bieten herrliche Fotomotive*
Links unten: *Villa Eureka – kolonialerCharme in tropischem Garten*
Oben: *Logenplatz in üppiger Natur – uriges Restaurant in der Domaine du Chasseur*
Mitte: *Spuren des Hinduismus sind in Mauritius auf Schritt und Tritt zu entdecken*

Die Hindus und **Chinesen** haben Shiva und Konfuzius mitgebracht, die **Schwarzen** ihren lebensfrohen Tanz namens Sega und die **Europäer** das Schul- und Rechtssystem, die Amtssprache und die Landvermessungsgeräte. Viel geändert hat sich nicht: Während die meisten Politiker und Landesoberhäupter aus der herrschenden Schicht der **Inder** stammen und die Chinesen die lukrativsten Geschäfte machen, gehören die Ländereien und Besitztümer immer noch den weißen Frankomauritianern und auf deren Zuckerrohrfeldern arbeiten hauptsächlich die **Kreolen**.

nern. Hier drohen keine Bettenburgen oder Rotlichtviertel, kein Massentourismus oder Fremdenhass. Weder Malaria übertragende Mücken noch giftige Schlangen können den Urlaubern etwas anhaben (lediglich die Taxifahrer gelten als Blut saugende Spezies).

Insel mit vielen Gesichtern

All dies lässt die kosmopolitischen Insulaner gelassen ihren Alltag auf ihrer kleinen Tropeninsel leben, ohne große (politische) Höhepunkte und Auseinandersetzungen. Das **Ein-Millionen-Volk** blickt auf eine rund 400-jährige Geschichte zurück, es ging aus Kolonisatoren (um 1600) und Sklaven (17./18. Jh.), aus Piraten (18. Jh.) und Kulis (19. Jh.) hervor – heute ein **Schmelztiegel der Kulturen** mit vielen Gesichtern. So bietet sich den Besuchern ein Kaleidoskop aus den Kochkünsten, den Kleidern und den Musikrichtungen Afrikas, Asiens und Europas.

Kreolisches Aschenputtel

Die gut 600 km entfernte Schwesterinsel **Rodrigues** präsentiert dagegen das afrikanische Mauritius, nirgendwo sind die Wurzeln der Kreolen besser zu erkennen. Das Mini-Eiland inmitten seiner türkis schimmernden Lagune ist das gemütli-

che Pendant zur aufstrebenden Mutterinsel Mauritius mit ihrer Hauptstadt Port Louis, wo die ersten Hochhäuser bereits mit den Bergen konkurrieren. Auf Rodrigues gibt es dagegen mehr Schafe als Mofas, mehr Tintenfischcurry als aberwitzig teuren Hummer, mehr Mountainbikes als Whirlpools. Weit und breit kein Hochhaus, kein Butler, kein Zuckerrohr. Ein Aschenputtel, das hoffentlich nie versucht, der großen Schwester mit ihrem luxuriösen Ambiente nachzueifern.

Im Himmel auf Erden

Dem Lockruf der legendären **Weltklassehotels** auf Mauritius folgen jährlich rund eine halbe Million Urlauber. Die Architektur vieler Nobelherbergen ist phänomenal, Materialien und Dekor nur vom Edelsten. Märchenhafte Sanssoucis in Harmonie mit der Natur und kleinen optischen Tricks: Viele Pools scheinen direkt in den Indischen Ozean zu schwappen…

Die Häuser bieten obendrein fantastische Möglichkeiten zur sportlichen Betätigung, zum Wandern, Klettern, Jagen, Golfen, Reiten und zu wirklich jeder nur denkbaren Art des Wassersports. Nicht zu vergessen: die kulinarischen Höchstgenüsse à la mauricienne – Currys, Wildschwein, Meeresfrüchte, Kreationen namhafter Küchenchefs – und der konkurrenzlose Service von Angestellten, die bis zu fünf Sprachen beherrschen und Butlern, die ihren Gästen jeden Wunsch von den Augen ablesen. Kurz: der Himmel auf Erden, jenseits von Afrika, das ist Mauritius.

Links oben: *Zwiesprache mit Fischen – Tauchenthusiasten lieben die Unterwasserwelt des Indischen Ozeans*
Links Mitte: *Endstation – auf Rodrigues lassen Tintenfische die Arme hängen*
Links unten: *Logis für Trauminsel-Gäste – hochklassig ist die Strandhotelkultur auf Mauritius*
Oben: *Käuflich – Schiffsmodelle sind eine Spezialität mauritischer Kunsthandwerker*
Mitte: *Erntezeit – Zuckerrohr ist der größte Devisenbringer für Mauritius*

Der Reiseführer

Dieses Buch begleitet in fünf Kapiteln auf einer abwechslungsreichen Reise durch die exklusive Urlaubsinsel Mauritius: von der Inselhauptstadt Port Louis und ihrer Umgebung an der Küste entlang in den Norden, wo der meiste Trubel herrscht, über die atemberaubende Küstenstraße im Osten hinunter in den rauen Süden, über Serpentinen hinauf ins feuchte Hochland im Zentrum und auf die höchsten Berge. Ein eigenes Kapitel ist der Schwesterinsel Rodrigues gewidmet.

Detaillierte **Übersichtskarten** und **Pläne** helfen bei der Orientierung. Die Autorin beschreibt Sehenswürdigkeiten und Ausflugsmöglichkeiten und nennt im Anschluss in den **Praktischen Hinweisen** empfehlenswerte Adressen zum Übernachten und Speisen, für den Einkaufsbummel sowie für erlebnisreiche Unternehmungen an Land und unter Wasser. **Kurzessays** – Reportagen, Porträts und Wissenswertes über Land und Leute – finden sich in den farbigen Kästen. Die **Top Tipps** nennen die Höhepunkte, die auf keinen Fall verpasst werden sollten. Im Anhang informiert **Mauritius aktuell A bis Z** über Anreise, Bank, Feste, Sport bis hin zu Verkehrsmitteln. Hinzu kommt ein umfassender **Sprachführer**.

Geschichte, Kunst, Kultur im Überblick

Seefahrer, Sklaven, Korsaren und Zuckerbarone – Vom Piratennest zum Urlaubs- und Einkaufsparadies

1000 v. Chr. Historiker vermuten, dass die Phönizier auf ihrem Seeweg um Afrika herum als Erste die kleine Insel im Indischen Ozean entdeckt haben. Aber auch die seefahrenden Polynesier, Indonesier und Malaien könnten als Entdecker von Mauritius gelten, da sie bei ihrer Besiedlung von Madagaskar vor rund 2000 Jahren auch auf diese Insel gestoßen sein müssen.

10. Jh. Die Araber segeln mit ihren Handelsschiffen an der Ostküste Afrikas entlang. Der Handelsreisende Hassan Ibn Ali erwähnt im Jahr 975 in seinen Schriften über die Inseln des Indischen Ozeans Mauritius unter dem Namen ›Diva Mashriq‹ (östliche Insel).

ab 1502 Mauritius taucht erstmals auf einer portugiesischen Seekarte als ›Dina Arobi‹ auf. Sie wird in der Folge mehrfach von portugiesischen Seefahrern besucht: neben Domingo Fernandez, der hier als erster Europäer landet, um 1510 auch von Dom Pedro Mascarenhas, auf den die Bezeichnung ›Islas Mascarenhas‹ (Maskarenen) für die Inselgruppe Réunion, Mauritius und Rodrigues zurückgeht. 1528 entdeckt Diego Rodrigues die nach ihm benannte Insel Rodrigues (französisch ausgesprochen). – Wie schon zuvor den Arabern erscheint auch den Portugiesen das unbewohnte, reich bewaldete Mauritius nicht lohnend zur Besiedlung. Sie nutzen die Insel lediglich als Stützpunkt auf ihrem Seeweg nach Indien, auf der Suche nach Gewürzen, Seidenstoffen und Edelsteinen. Mit den von ihnen für spätere Proviantauffrischung ausgesetzten Tieren (Rinder, Schweine und Ziegen) greifen bereits die Portugiesen erheblich in Fauna und Flora der Insel ein.

1598 Unter Wybrandt van Warwijck nehmen die Holländer Mauritius in Besitz und benennen die Insel nach dem holländischen Prinzen Moritz (niederländisch: Maurits) von Oranien und Herzog von Nassau.

1615 Vor Mauritius ertrinkt der holländische Admiral Pieter Both, einer der bizarrsten Inselberge wird bald darauf nach ihm benannt.

ab 1638 Eine erste dauerhafte holländische Siedlung wird in der Nähe von Mahébourg an der Ostküste gegründet: Port Zuydoosterhaven, der heutige Vieux Grand Port. Etwa zur gleichen Zeit besetzen die Franzosen die Nachbarinsel Réunion, die sie Île Bourbon nennen, und die 600 km östlich gelegene Insel Rodrigues und bauen sie zu Stützpunkten aus. Die holländischen Kolonisten beginnen auf Mauritius in großem Stil mit der Rodung der Ebenholzwälder. Sklaven aus Madagaskar und indonesische Sträflinge aus Batavia (einer holländischen Kolonie; heute Java) werden nach Mauritius geschafft, doch die

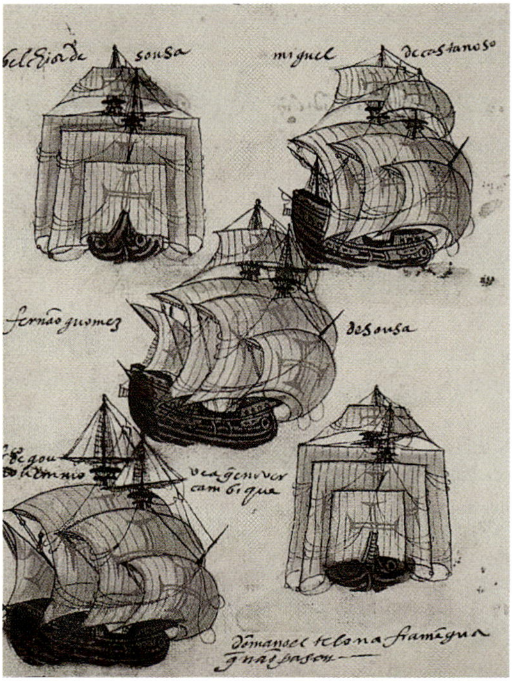

Dom Pedro Mascarenhas' Flotte auf dem Weg nach Ostindien. Buchmalerei von 1565, Pierpont Morgan Library, New York

Gouverneur Mahé de Labourdonnais (1699–1753) – Statue des Nationalhelden am Hafen von Port Louis

Versuche, Plantagen für Zuckerrohr, Tee und Tabak anzulegen, scheitern. Die Arbeitsmoral fern der Heimat ist gering, Zyklone und Piraten suchen die Insel immer wieder heim. Auch die Geschäfte mit dem wertvollen Ebenholz verlaufen nicht wie erwartet (die Holländer hatten den Markt damit überschwemmt und dadurch einen Preisverfall verursacht).

1691–93 Eine Hand voll Hugenotten aus Frankreich versucht die kleine Insel Rodrigues zu besiedeln, doch das Unternehmen misslingt wegen Frauenmangels.

1710 Die Holländer geben Mauritius auf. Sie zerstören alle Gebäude und Forts, nur die Sklaven bleiben zurück. Piraten nutzen das Eiland in der Folge als strategisch wichtigen Zufluchtsort für ihre Raubzüge gegen die schwer beladenen Handelsschiffe auf ihrem Weg von Asien nach Europa. Die Ebenholzwälder sind durch den Raubbau der Holländer in großen Teilen zerstört, ebenso die einheimische Tierwelt, z.B. die Riesenschildkröten und der Dodo, dem letztlich die von den Kolonisten eingeschleppten Ratten zum Verhängnis werden [s. S. 27].

ab 1715 Da ihr Handel mit Ostindien von den Piraten stark beeinträchtigt wird, besetzen die Franzosen unter Guillaume Dufresne d'Arsel Mauritius und nennen sie Île de France. Die Insel steht unter der Kontrolle des wichtigsten französischen Stützpunkts im Indischen Ozean, der Île Bourbon. Mit Sklaven aus Afrika bauen französische Siedler der Compagnie des Indes auf der Île de France ab 1722 die Plantagenwirtschaft und Zuckerraffinerien (ab 1743) auf, Kaffee wird ebenfalls angepflanzt. Aus der holländischen Siedlung Noord-Wester Haven an der Nordwestküste wird der Hauptort Port Louis, benannt nach dem französischen König. Doch die Lebensbedingungen der knapp 1000 Siedler auf der Île de France zu Beginn des 18. Jh. sind alles andere als paradiesisch: Wirbelstürme vernichten regelmäßig die Ernten und immer wieder gibt es Sklavenaufstände.

1735–46 Einigen dieser Zustände setzt erst Bertrand François Mahé de Labourdonnais ein Ende, als er am 5. Juni 1735 auf die Insel kommt. Er findet eine kleine Siedlung mit kaum hundert Hütten für 838 Menschen vor, umgeben von dichtem Wald und Sümpfen. Der Franzose hat sich zuvor als Leutnant und Kapitän der Compagnie des Indes einen Namen gemacht und sorgt nun als deren Gouverneur mit Tatendrang und Durchsetzungsvermögen für den wirtschaftlichen Erfolg auf der Île de France und damit erstmals auch für gesicherte Wasser- und Lebensmittelversorgung. Die von ihm 1741 aus Brasilien mitgebrachte Kulturpflanze Maniok gedeiht bestens in dem subtropischen Klima und ernährt mit ihrem Stärkemehl die Inselbewohner. Der Gouverneur lässt Straßen, Brücken, Hospitäler und in Port Louis Hafenanlagen samt Werft bauen. Die Île de France löst schließlich die Île Bourbon als französische Dependance im Indischen Ozean ab, die Verwaltung wird nach Port Louis verlegt. Die französische Handelsniederlassung wird somit zunehmend attraktiver für Kolonisten und Geschäftsleute und wächst beständig, die Insel entwickelt sich zu einer blühenden, durch den Zuckerrohranbau einträglichen Kolonie.

Labourdonnais gilt als erster Nationalheld von Mauritius, da er die Grundlagen zur Entstehung eines unabhängigen Inselstaates legt. In seiner Amtszeit werden der Regierungspalast in Port Louis und die Residenz in Pamplemousses (›Mon Plaisir‹) errichtet, seine Statue steht am Hafen von Port Louis und die Stadt Mahébourg sowie Mahé, die Hauptinsel der Seychellen, sind nach ihm benannt. Seine Herrschaft endet 1746. Der einst strahlende Held wird in der Pariser Bastille inhaftiert, da er Bestechungsgelder angenommen haben soll, wird aber rehabilitiert und stirbt verarmt 1753.

1744 Das Schiffsunglück der ›Saint Géran‹, die vor der Nordostküste von Mauritius sinkt, inspiriert den französischen Dichter Jacques Henri Bernardin de St. Pierre Jahrzehnte später zu seiner Romanze ›Paul und Virginie‹ [s. S. 74]. Die 1788 erschienene und in 30 Sprachen übersetzte Liebesgeschichte kennt jedes mauritische Kind.

1756–83 Im Kampf zwischen Frankreich und England um die Kolonien während des Siebenjährigen Krieges (1756–63) spielt Port Louis als Flottenstützpunkt der Franzosen eine entscheidende Rolle. Die Hafenstadt entwickelt sich zu jenem ›Nest der Korsaren‹, von dem aus mutige Kaperkapitäne auf schnellen Schiffen – allen voran der berühmte Robert Surcouf – Fahrten gegen die britischen Handelsschiffe mit ihren Schätzen aus dem Fernen Osten unternehmen [s. S. 50]. Während des Unabhängigkeitskrieges gegen ihr Mutterland England (1776–83) sind die amerikanischen (britischen) Kolonisten mit Frankreich verbündet. Sie sind am Handel mit den geraubten Gütern aus Asien stark interessiert und entsenden einen Konsul auf die Île de France. Die Geschäfte mit Reis, Tropenhölzern, Gewürzen und Sklaven im Hafen von Port Louis boomen. Die Reichen leisten sich ein ausschweifendes Leben mit Glücksspiel, Festen und Jagden.

1796 Auf der Île de France kommt es zu einem Aufstand gegen die Zentralregierung in Paris: Die Sklaverei soll im Zuge der Französischen Revolution (1789) auch auf der Insel abgeschafft werden, was aber nicht befolgt wird. Sieben Jahre lang befindet sich die Kolonie im Streit mit Paris, bis Napoleon 1803 eine militärische Delegation unter General Charles Decaen auf

Der Schrecken der Engländer – Korsar Robert Surcouf (1773–1827)

die Insel schickt; dieser macht aus Port Louis den Port Napoléon und führt auf der Île de France den Code Napoléon als Gesetz ein. Sklavenhandel wird den Mauritiern weiterhin gestattet.

1806–14 Im Rahmen des Kampfes zwischen Franzosen und Briten um die Kontrolle im Indischen Ozean verhängen die Briten eine Blockade gegen die Île de France (ab 1806 gelangt kein Schiff mehr nach Port Napoléon). Die englische Marine besetzt im Jahr 1809 die Insel Rodrigues und errichtet dort einen militärischen Stützpunkt. Im August 1810 kommt es zur Seeschlacht vor Vieux Grand Port, die die Franzosen gewinnen. Doch nur wenige Monate später erobern die Engländer die Île de France und Gouverneur Decaen muss endgültig kapitulieren. 1814 wird den Briten die nun wieder Mauritius genannte Insel offiziell übereignet. Während die Verwaltung nach britischem Vorbild ausgerichtet wird, bleiben die französischen Traditionen, Gesetze, die Sprache und Ortsnamen bis heute weitgehend erhalten.

1832–35 Zuckerrohr wird von den britischen Gouverneuren verstärkt als Monokultur gefördert, da die Pflanze als Einzige den häufigen Tropenstürmen standhält [s. S. 60]; andere landwirtschaftliche Produkte wie Kaffee und Baumwolle werden mangels Erträgen wieder aufgegeben. Die Zuckerbarone gehören zur neuen herrschenden Schicht auf Mauritius, die sich 1832 mit einem Generalstreik gegen die liberalen britischen Ideen der Sklavenbefreiung wendet. Die endgültige Abschaffung der Sklaverei im Jahr 1835 wird nur akzeptiert gegen eine hohe finanzielle Entschädigung – an die Plantagenbesitzer! Als billige Ersatzarbeitskräfte werden Tamilen aus Südindien ins Land geholt, woraufhin die Zuckerwirtschaft aufblüht. Insgesamt kommen bis 1909 rund 450 000 indische Vertragsarbeiter auf die Insel.

1847 Ein Versehen führt zum Fehldruck eines Briefmarkensatzes, heute werden für die Blaue oder Orangerote Mauritius Millionen Dollar gezahlt [s. S. 29].

ab 1850 Mauritius profitiert vom weltweiten Zuckerboom, in dessen Folge 1865 eine Bahnlinie quer über die Insel gebaut wird (1964 stillgelegt). Nach Öffnung des Suezkanals 1869 verliert Mauritius allmählich seine Bedeutung als Handelsposten im Indischen Ozean. Die Zuckerindustrie kann sich nicht mehr gegen die Konkurrenz aus Kuba und den Rübenzucker aus England behaupten. Auch eingeschleppte Krankheiten und Rebellionen der indischen Arbeiter machen der Wirtschaft in der zweiten Hälfte des 19. Jh. zu schaffen. Hinzu kommen Malariaepidemien, Wirbelstürme, Flutkatastrophen und Feuersbrünste in Port Louis.

1885 Die Mauritier dürfen nach einer Verfassungsre-

Kapitulation – 1810 muss Gouverneur Charles Decaen die Île de France endgültig den Briten übergeben ▷

form ein Parlament (unter britischer Verwaltung) wählen.

1901 Mahatma Gandhi besucht Mauritius, wo Inder inzwischen die Bevölkerungsmehrheit bilden.

Anfang 20. Jh. Malariaepidemien zwingen viele Mauritier zum Umzug von der Küste ins Hochland, wo Städte wie Curepipe entstehen. – In den 20er-Jahren profitiert die Insel erneut von einem Zuckerboom. – 1936 wird die Arbeiterpartei, Parti Travailliste (PT), gegründet, die Streikaktionen für die unterbezahlten indisch-mauritischen Arbeiter organisiert.

1942 Im Zweiten Weltkrieg nutzen die Briten Mauritius als Militärstützpunkt und bauen den Flughafen in Plaisance.

1958 Einführung des allgemeinen Wahlrechts. Unter der Führung des Hindus Sir Seewoosagur Ramgoolam kämpft die neu formierte Parti Travailliste (PT) für die Unabhängigkeit des Landes. Im Zuge der Loslösung von der britischen Kolonialmacht kommt es zu ethnischen Unruhen, vorwiegend zwischen den Kreolen und Moslems. Es sterben ca. 100 Menschen.

1968 Am 12. März wird Mauritius zum unabhängigen Staat innerhalb des Commonwealth erklärt. Seewoosagur Ramgoolam wird erster Premierminister.

1970 Die Lufthansa landet erstmals auf Mauritius.

1971 Durch Einrichtung einer Freihandelszone werden ausländische Investoren ins Land geholt und die Wirtschaft wird angekurbelt. Die Landung der Air France markiert den Beginn des (vorwiegend französischen) Tourismus auf Mauritius, der bald Zehntausenden Mauritiern Arbeitsplätze bietet.

1982 Sir Anerood Jugnauth vom 1968 gegründeten Mouvement Militant Mauricien (MMM) wird neuer Premierminister. Kurz darauf etabliert er eine neue Partei, das Mouvement Socialiste Mauricien (MSM).

1989 270 000 Touristen machen in diesem Jahr Urlaub auf Mauritius. – Papst Johannes Paul II. besucht Mauritius und Rodrigues.

12. März 1992 Proklamation der Republik Mauritius. Cassam Uteem wird zum ersten Staatspräsidenten gewählt.

1997 Wechselnde Koalitionen münden in der Regierung von Parti Travailliste (PT) und Organisation du Peuple de Rodrigues (OPR) mit Staatspräsident Cassam Uteem und Ministerpräsident Navinchandra Ramgoolam, Sohn des Gründervaters Seewoosagur Ramgoolam.

Februar 1999 Der mysteriöse Tod des kreolischen Popstars Kaya nach seiner Festnahme wegen Drogenkonsums löst Rassenunruhen aus. Aufgebrachte Kreolen randalieren, einige Hindus stecken deren Hütten in Brand. Zehn Menschen sterben. Die sozialen Konflikte zwischen verarmten Kreolen und regierenden Hindus werden deutlich.

2000 Die Tourismusbranche meldet 655 000 Gäste.

2003 Anerood Jugnauth, der bisherige Ministerpräsident, wird Staatspräsident. Paul Ramond Bérenger wird zu dessen Nachfolger als Regierungschef gewählt.

2005 Neuwahlen führen zum Regierungswechsel. Navinchandra Ramgoolam wird wieder Premierminister.

2007 Wegen der Kürzung der garantierten Zuckerpreise beim Import in die EU seit 2006 gerät die mauritische Wirtschaft in eine schwere Krise. Auch die Inflation steigt deutlich.

Attraktive Pool-Landschaft am Meer – die Luxushotels der Insel sind legendär, hier das Belle Mare Plage an der Ostküste

Unterwegs

Port Louis und Umgebung – die multikulturelle Inselmetropole

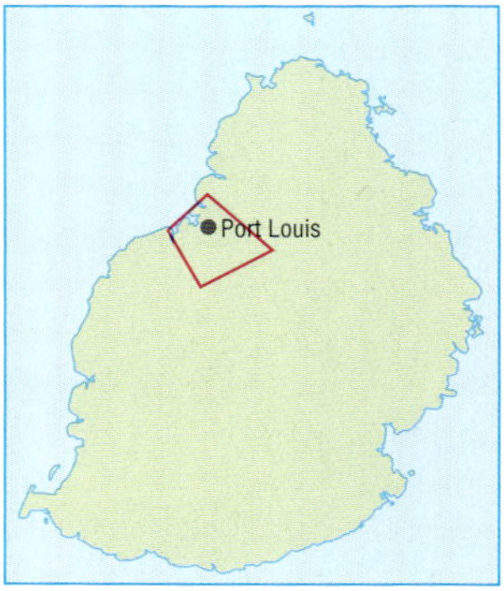

Bewacht von der Moka-Bergkette mit ihren kuriosen Gipfeln im Nordwesten der Insel, schlägt in Port Louis das multikulturelle Herz von Mauritius. Manch einer hier sagt ganz französisch ›Por Lui‹, andere halten sich an die englische Aussprache, schließlich gehört man ja zum Commonwealth.

Port Louis verfügt über den einzigen **Containerhafen** der Insel und ein paar moderne Hochhäuser zwischen zierlichen chinesischen **Pagoden** und **Hindu-Tempeln** in allen Tuschkastenfarben. Hier finden sich die älteste **Kathedrale** der Insel und strahlend weiße **Moschee-Minarette** mit richtigem Orientflair. Dazwischen eine **Pferderennbahn** aus der Zeit, als die Briten noch das Sagen hatten, ein paar vereinzelte Palmen und alte chinesische Shophouses mit schmiedeeisernen Balkonen sowie einige bunte Bretterbuden. Von Exotik ist die Hauptstadt jedoch Lichtjahre entfernt. Nur wenige ehrwürdige **Kolonialgebäude** mit kreolisch verzierten Dächern konnten die Stadtväter vor der Übermacht der Betonklötze retten.

Rund 170 000 Mauritier sind hier zu Hause, in einem Städtchen, das sich gerne ›kosmopolitisch‹ nennt. Es könnte eine verträumte Inselhauptstadt irgendwo auf der südlichen Halbkugel sein – wäre da nicht die gleiche Zahl von Pendlern, die wochentags ganz früh am Morgen aus allen Landesteilen in die Stadt strömen. Dann wird es eng auf den Bürgersteigen, Geschäftigkeit macht sich breit, Hitze und Staus stellen die Gemütsruhe der Mauritier auf eine harte Probe. Der Treffpunkt zum Luftholen ist das Shopping- und Vergnügungscenter **Le Caudan Waterfront** in der Nähe des Hafens: Hier entspannen sich Geschäftsleute in der Mittagspause, Jugendliche und Familien mit Kindern sowie Touristen auf Schnäppchenjagd. Ab dem Spätnachmittag, an Feiertagen oder am Wochenende wirkt Port Louis geradezu erholsam ruhig, in der Nacht sogar wie eine Geisterstadt. Dann hat so manche unternehmungslustige Ziegenfamilie die Hauptstraße wieder ganz für sich allein …

1 Port Louis

Plan hintere Umschlagklappe

Tagsüber brodelndes Treiben, nachts ›hochgeklappte‹ Bürgersteige.

Die Hauptstadt von Mauritius liegt an der Westküste der Insel zwischen den Moka-Bergen und dem Indischen Ozean. Sie ist administratives und kommerzielles Zentrum des Landes mit Regierungssitz, Banken, Geschäften, Museen und Theater.

Vom Hüttendorf zur Hafenstadt

Die **Holländer** ließen sich im 17. Jh. als Erste in der geschützten Bucht nieder und nannten ihre Siedlung Noord-Wester Haven. Der **Naturhafen** war sicher und einfach zu erreichen, die Segler mussten nur auf diesen merkwürdig geformten Berg (ein runder Brocken aufgespitzt auf dem Gipfel) zusteuern, den sie später nach einem ertrunkenen Landsmann **Pieter Both** nannten. Die Windjammer waren hier im Nordwesten der Insel durch die Berge vor den Südostwinden geschützt. Aber erst 1735, nach Abzug der Holländer von Mauritius, ging es wirklich aufwärts mit der kleinen Kolonie. Denn der neue französische Gouverneur, **Graf Bertrand François Mahé de Labourdonnais**, ließ einen Hafen und eine Werft bauen, Straßen anlegen und den Regie-

Modernes Inselzentrum mit bedeutendem Hafen – funktionale Hochhäuser dominieren die Skyline der Hauptstadt Port Louis

rungspalast errichten. Dafür setzten ihm die Mauritier ein Denkmal am alten Exerzierplatz gegenüber vom Hafen, wo er noch heute auf die Spaziergänger herabschaut. In der Folgezeit entwickelte sich Port Louis zum Rückzugsort von **Piraten**, die von hier aus mit offiziellem Segen britische Schiffe überfielen. 1770 wurde Port Louis zum **Freihafen** ernannt und zog bald Seefahrer, Freibeuter und Händler aus aller Welt an.

Unter dem französischen Gouverneur Charles Decaen wurde die prosperierende Stadt kurzzeitig in Port Napoléon umbenannt, was die **Engländer** nach ihrer Eroberung der Insel 1810 allerdings wieder rückgängig machten. Während sich die reichen, vorwiegend weißen Städter und Zuckerbarone in den folgenden Jahrzehnten bei gesellschaftlichen Anlässen, auf der Pferderennbahn und auf rauschenden Bällen verlustierten, schufteten Zehntausende von Sklaven auf den Zuckerrohrfeldern. Doch auch die reicheren Bewohner von Port Louis mussten regelmäßig **Katastrophen** überstehen, etwa das verheerende Feuer im Jahr 1816, das einen Großteil der Stadt bis auf die Grundmauern zerstörte. 1866/67 forderte eine Malariaepidemie Zehntausende von Opfern und trieb die wohlhabende Bevölkerung in die kühleren Bergregionen, wo sie Curepipe gründeten, aber Port Louis blieb weiterhin administratives Zentrum der Insel. Ebenso blieben die vielen **chinesischen Händler**, Nachfahren von Kulis, die bis heute ein kleines chinesisch geprägtes Viertel bewohnen. Weitere Brände in den Jahren 1892/93 zerstörten große Teile des historischen Baubestands. In der Stadt dominieren heute von Schnellstraßen umtoste moderne Betonbauten und funktionale Hochhäuser, in deren Schatten wenige, zum einen Teil verwahrloste, zum anderen Teil restaurierte Kolonialbauten dämmern, die still vom Reichtum längst vergangener Tage künden.

Auch in Port Louis wachsen Banken in den Himmel – State Bank, nahe Place d'Armes

Über den Dächern der Stadt

Den besten Panoramablick über die Hauptstadt verschafft ein kleiner Aufstieg oder eine kurze Autofahrt über die Rue Jules Koenig und Av. Suffren zum **Fort Adelaide** ❶ (La Citadelle), das inmitten der Stadt auf einem Hügel thront. Die kleine Festung hatten die Briten 1834–40 erbaut, um eventuelle Angriffe der rückeroberungslüsternen Franzosen abzuwehren; auch wollte man damit nach ›unpopulären Maßnahmen‹, z.B. der Abschaffung der Sklaverei im Jahr 1835, die französischstämmige Bevölkerung in Schach halten können. Im Innenhof des klotzigen Baus trifft sich ab und zu die Jugend bei Freiluftkonzerten von Rock bis Seggae, einer populären Mischung aus dem Volkstanz Sega und dem jamaikanischen Reggae [s. S. 112]. Zwei kleine Souvenirläden warten auf Kundschaft.

Hier oben liegt dem Betrachter die Stadt zu Füßen: vorne am Meer das Hochhaus der *Mauritius Commercial Bank (MCB)* und der nicht sehr ansehnliche Turm der *Mauritius Telekom*. Nicht weit entfernt erhebt sich das mit 18 Stockwerken höchste Gebäude des Landes wie ein angespitzter Riesenbleistift: die *State Bank* mit imposanter bräunlich roter Marmorfront und keck gestelztem Spitzdach darüber. Dahinter erstreckt sich das riesige Areal des **Freihafens** ❷ mit dem drittgrößten Zuckerterminal der Welt. Rund 650 000 t Rohzucker werden hier jährlich in gigantischen Betonsilos gelagert und in alle Welt verschifft, fast zwei Drittel davon werden in die Europäische Union exportiert. Auf vielen Flachdächern der Wohnhäuser fallen Wassertanks auf: Trinkwasser wird auf Mauritius besonders während des Hochsommers knapp, erst 1999 sorgte eine Dürre für die Halbierung der Zuckerrohrernte – eine der schlechtesten Ernteergebnisse seit 40 Jahren.

Der Blick ins Hinterland wird durch die seltsam geformten Moka-Berge versperrt: Auffallend ist der **Pieter Both** (821 m), der zweithöchste Berg der Insel mit seinem runden Felsen auf dem Gipfel, dem prophezeit wurde, dass er nach dem Ende der britischen Kolonialzeit von der Spitze herunterfallen würde. Seit mehr als drei Jahrzehnten ist Mauritius unabhängig – und noch immer sitzt der Felskoloss stabil auf dem Berg. Dieser ist benannt nach einem holländischen Seefahrer und Gouverneur, dessen Schiff 1615 in der Bucht von Tombeau sank [Nr. 5]. Als Berg nicht weniger beeindruckend ist der ›Däumling‹ **Le Pouce**, der relativ leicht bestiegen werden kann [Nr. 4].

Zur Linken, im Süden, liegt der **Champ de Mars** ❸. Auf dem früheren Exerzierplatz der Franzosen, wo sich einst auch erbitterte Rivalen tödliche Pistolenduelle lieferten, werden noch heute aufregende, wenngleich unblutige Wettkämpfe ausgetragen – auf dem Rücken der Pferde. Die Pferderennen des *Mauritius Turf Club* (Rue Dr. Eugène Laurent, Tel. 2 11 21 47, Fax 2 08 32 11, www.mauritiusturfclub.com) finden seit 1812 auf Initiative des britischen Oberstleutnants Edward Draper in dem ovalen **Hippodrom** statt – damit rühmt sich Mauritius, die »älteste Pferderennbahn der südlichen Hemisphäre« zu besitzen (und nach Ascot die zweitälteste der Welt). 1839 wurden die ersten Rennpferde aus England und Südafrika importiert. Auch heute kommen die meisten aus Südafrika. In der Saison zwischen Mai und November wetten die

Das Tor zur Welt – dank des geschützten Tiefwasserhafens konnte sich Port Louis zu einem internationalen Handelszentrum entwickeln

Mauritier jeden Samstag auf ihre Favoriten. Dann herrscht Jahrmarktsstimmung rund um die 1300 m lange Bahn, deren Flanken von Tribünen und Verwaltungsbauten mit Restaurants und – wichtig! – Wettbüros gesäumt werden: Bis zu 20 000 Besucher drängen sich an einigen Wochenenden auf dem Platz und um die Buchmacher. Manch Glücklicher nimmt am Ende eines Wetttages ein Vermögen mit nach Hause – ein Rupie-Millionär. Auf der Rennbahn finden darüber hinaus

Hippodrom in den Bergen – im Oval des Champ de Mars finden alljährlich spannende Pferderennen und bunte Paraden statt

Fruchtige Opfergaben in der Thien Thane Pagode am Stadtrand von Port Louis

auch nichtsportliche Großveranstaltungen statt, neben Paraden vor allem die alljährlichen Feiern am Unabhängigkeitstag, die daran erinnern, dass hier am 12. März 1968 erstmals die mauritische Flagge (rot-blau-gelb-grün) statt des britischen Union Jack gehisst wurde.

Weihrauch und Minarette

Weit in der Ferne am Hang des *Signal Hill* (Rue Justice am südlichen Stadtrand) sieht man die kleine weiße **Thien Thane Pagode** 4 schimmern: Das pittoreske achteckige Gotteshaus mit dem dreifach gestaffelten Dach ist ein modernes Beispiel der fernöstlichen Tempelbaukunst. Im Inneren der chinesischen Pagode (vor Betreten Schuhe ausziehen) empfängt den Besucher eine weihrauchgeschwängerte, rot-goldene Welt mit erhabenen Göttern und chinesischen Helden. Während der Zeremonien übergeben die Gläubigen ihren Ahnen und den Göttern reichhaltige Opfergaben: Obst, Tee, Kekse, Bonbons und Blumen schmücken den Altar, der von Wächterfiguren umgeben ist. Die Toten wollen nach der konfuzianischen Tradition auch im Jenseits versorgt werden. Dazu verbrennen die Hinterbliebenen Papiergeld und Gegenstände aus Pappmaschee, die die Verstorbenen im Himmel gebrauchen könnten, z. B. kleine Autos und Villen. Leise Gesänge erklingen, von Messingschellen und Tambourin begleitet, die Sandelholz-Schwaden der Räucherstäbchen ziehen durch den Raum. Eine dreimalige Verbeugung mit Kniefall beendet das Gebet.

Richtig lebendig und kunterbunt wird es hier an chinesischen Feiertagen. Wichtigstes Fest aller chinesischstämmigen Buddhisten und Konfuzianer ist das *Chi-*

Vorbereitung zum Gebet – im stimmungsvollen Innenhof der Jummah-Moschee, der heiligsten islamischen Andachtsstätte auf Mauritius

Kleinod der islamischen Inselarchitektur – orientalisch-verspielt mit minarettähnlichen Türmchen, Säulen und Bögen zeigt sich die Jummah-Moschee in der Rue Royale

nesische Neujahr und *Frühlingsfest* (Ende Januar/Anfang Februar, s. S. 127), bei dem man sich bei Drachentänzen und Feuerwerk »Kung tsi fa ts'ai« zuruft, die allerbesten Glückwünsche. Die Farbe Rot spielt dabei eine bedeutende Rolle, denn nur sie hält die bösen Geister fern. Die Kinder bekommen mit rotem Papier verpackte Geldgeschenke. Viele der rund 30 000 mauritischen Chinesen, deren Vorfahren im frühen 19. Jh. als Kulis und Händler nach Mauritius kamen, wurden mittlerweile zum Katholizismus bekehrt.

Mauritius vereint ganze 87 Religionen bzw. Glaubensrichtungen. Ungefähr ein Fünftel der mauritischen Bevölkerung glaubt an Allah und den Propheten Mohammed. Und so betritt der Fremde in der **Jummah-Moschee** 5 (Central Islamique Mosque, Markaz-e-Islam-Masjid; Mo–Do 9–12, Sa und So 14–15 Uhr) in der Innenstadt eine gänzlich andere religiöse Welt: Das strahlend weiße Prachtstück in der Rue Royale ist mit türmchenverzierten Mauern und Arkaden versehen – ein Hauch von Tausendundeiner Nacht in der sonst westlich und eher eintönig wirkenden Hauptstadt. In der zwischen 1855 und 1885 erbauten Moschee, der ältesten auf Mauritius, versammeln sich die moslemischen Männer fünfmal täglich zum Gebet, die Frauen beten zu Hause. Viele Moslems treffen sich hier zum Eid-Ul-Fitr-Fest, das den Abschluss des Ramadan-Fastenmonats markiert [s. S. 126].

TOP TIPP

Durch ein mit Buntglas, üppigen Holzschnitzereien und Kupfergravierungen geschmücktes Portal gelangt man ins Heiligtum. Nichtmuslimische Besucher können außerhalb der Gebetszeiten den Vorhof betreten (nur in langen Hosen oder Röcken, das gilt für Frauen wie Männer, die Schuhe werden im Vorraum ausgezogen). Die Gebetshallen sind mit farbenprächtigen Teppichen und Kronleuchtern, Säulen und Torbögen ausgestattet, unter denen die Gläubigen andächtig niederknien und sich beim Beten mehrmals gen Mekka verbeugen. Vor dem Gebet müssen sie sich im linken Raum reinigen. Außerhalb der Gebetszeiten surrt der Staubsauger durch die heiligen Hallen und die Ventilatoren drehen träge ihre Runden. Eine Koranschule (Madressa), ein kleiner Garten, eine Bi-

Willkommen in Chinatown – im Chinesischen Viertel von Port Louis, zwischen Zentralmarkt und Fort Adelaide gelegen, sind imposante Toranlagen zu entdecken

bliothek und das Mausoleum des frommen *Peer Jammah Shah* befinden sich ebenfalls in dieser Moschee. In der Rue Sir Seewoosagur Ramgoolam, einige Häuserblocks weiter südöstlich, steht eine weitere Moschee mit schlankem, hohen Minarett.

Das hier an vielen Gebäuden prangende Kürzel ›SSR‹ stammt übrigens vom verehrten Landesvater und früheren Präsidenten Sir Seewoosagur Ramgoolam: Er bereitete den Weg in die Unabhängigkeit, die schließlich im Jahr 1968 erreicht wurde.

Stimmungsvolles Quartier Chinois

Als betriebsames Händlerviertel entpuppen sich die Gassen rund um die **Rue Dr. Sun Yat Sen** 6 – Chinatown im Miniaturformat. Man wandelt an niedrigen Holzhäuschen (viele windschief und altersschwach) mit rostigen Wellblechdächern und roten Türläden vorbei, auf denen chinesische Schriftzeichen prangen. Händler bieten allerlei traditionelle Heilmittel aus den verschiedensten tierischen Bestandteilen und heilbringende Pülverchen in Büchsen und Gläsern feil,

Anlieferung im Basar von Port Louis – der Zentralmarkt ist der meistbesuchte Ort der Hauptstadt und dient als Umschlagplatz für Waren und Informationen aller Art

Aphrodisiakum gefällig?

Mister Naiken lehnt lässig hinter seinem **Stand Nr. 460** im Zentralmarkt von Port Louis. Der Mann ist hinter Büscheln aus grünen, wohlriechenden Kräutern und einem Wald von Schildern kaum zu sehen: Doch der 65-jährige Mauritier muss nicht marktschreierisch Aufmerksamkeit erwecken, seine Stammkunden vertrauen ihm. Sogar ganze Touristengruppen kommen hierher und fragen um Rat, meistens nach Heilmitteln zum Abnehmen. Seit über 40 Jahren verkauft der **Kräuterhändler** alle möglichen Arten von Grünzeug gegen alle möglichen Arten von Wehwehchen – Diabetes, Rheuma, Verstopfung, Asthma, Hämorrhoiden – wie schon sein Großvater und Vater an derselben Stelle. Wenn Mister Naiken in den wohlverdienten Ruhestand geht, übernimmt sein Neffe das Geschäft.

Die Kräuter, Wurzeln und Beeren sind immer die gleichen geblieben. Seit Jahrhunderten schon helfe beispielsweise **Eukalyptus** mit ›Hähnchenfüßen‹-Blättern gegen Migräne, sagt Mister Naiken, und: Auf die richtige Dosierung komme es an. Für das Aphrodisiakum wird eine gewisse **Parul-Wurzel** in heißem Wasser gekocht, lässt er die Kunden geheimnisvoll wissen. Das wir-

Der Kräuterdoktor im Zentralmarkt hat Medizin gegen jedes Zipperlein

ke bei Männern und Frauen: »Eine Tasse am Morgen, eine Tasse am Abend und schon sind Sie im Paradies, das wirkt sofort!« Bisher habe sich noch kein Kunde beschwert oder einen Tee reklamiert. Im Gegenteil: Nicht ohne Stolz zeigt er den Ordner mit **Dankesschreiben** aus aller Welt. Die wild wachsenden Kräuter kauft Mister Naiken Sammlern ab, aus den Ingredienzien mixt er dann eigenhändig seine Tees, Öle und Pülverchen – einige Skeptiker behaupten allerdings, die Kräuterdoktoren benutzen in Wahrheit immer die gleichen drei Kräuter …

dampfende Suppenküchen liegen neben Autoreparaturwerkstätten, China-Restaurants neben der Hongkong Bank. Ihrer Spielleidenschaft frönen die chinesischstämmigen Mauritier beim Mah-Jong, Pai Kao (einer Art chinesisches Domino) oder beim Kartenspiel in den Spielhäusern, etwa im L'Amicale de Port Louis, das durch einen Brand zerstört wurde, aber irgendwann wieder aufgebaut werden soll.

Händler, Käufer und – Langfinger

Nicht zu verfehlen auf dem Weg vom Chinesischen Viertel stadteinwärts über die Rue de la Reine ist der **Zentralmarkt** 7 (Marché de Port Louis/Central Market; Mo–Sa 6–18, So 6–12 Uhr) in Hafennähe. Man sollte ihn so früh wie möglich besuchen und sich einfach von den Massen durch das schmiedeeiserne Eingangstor schieben lassen – ein buntes Kaleidoskop von Mauritius mit all seinen Kulturen ist hier anzutreffen, und das schon seit der Gründung des Marktes um das Jahr 1840. Auf dem Basar tummeln sich täglich bis zu 25 000 Mauritier – jeder begutachtet, feilscht und plauscht. Auch als Kontakt- und Nachrichtenbörse dient dieser trubelige Ort. Alle Gesichter, Gerüche und Farben der Insel sind hier vertreten: indisch, chinesisch, afrikanisch, europäisch. Duftende Öle und riechender Fisch, Snacks aus Kokosnuss und Ananas, Frühlingsrollen und Faratas oder Samosa-Teigtaschen und Bratnudeln, farbenprächtige Gemüseberge, Pyramiden aus Obst (vor allem im Winter), die Wände voller edler Seidenstoffe und T-Shirts mit sonnigen Motiven.

Am Markt herrscht ein babylonisches Stimmengewirr (es gibt 22 Sprachen und 33 Dialekte auf Mauritius!), ein Händler unterbietet den nächsten im Preis. Die ›Kräuterdoktoren‹ lugen hinter ihren Gewürzständen hervor und wissen für alle Wehwehchen oder (psychologischen) Mangelerscheinungen das passende

Inselgeschichte in Stein – der Regierungspalast, unter französischen Gouverneuren errichtet, bildet mit seinen Flügelbauten die Kulisse für die Statue der Queen Victoria

Heilkraut. Ein Losverkäufer ist umringt von Kunden auf der Suche nach dem großen Glück – vielleicht ist der mauritische Jackpot zu knacken. Auch landestypische Souvenirs, Kunsthandwerk, holzgeschnitzte Masken, Korb- und Lederwaren sowie religiöses Beiwerk und Poster diverser Hindu-Gottheiten werden an den Buden feilgeboten. Touristen sollten sich vor dem Kauf jeglicher Ware auf diesem Markt nach den *angemessenen* Ausländerpreisen erkundigen und hartnäckig, aber freundlich mitfeilschen – manch ein Urlauber ist hier schon das Zehnfache vom Touristenpreis (!) losgeworden. Besonders eindringlich warnen die Mauritier hier vor Taschendieben, am besten man lässt Handtasche oder Rucksack gleich im Hotel zurück.

Orte der Muse und Inspiration

Nicht weit entfernt behauptet sich an der viel befahrenen Rue Intendance das ehrwürdige **Stadttheater** 8 (Municipal Theatre) gegen den anbrandenden Verkehr. Die glorreichen Zeiten in »dem ältesten Theater in der südlichen Hemisphäre« mit rauschenden Bällen und Theatervorführungen sind längst vorbei: In dem schmalen, ockergelben Haus im neoklassizistischen Baustil (1822) – auffallend sind der Dreiecksgiebel und die aufwendige Portalzone unter einer von sechs Säulen getragenen, balustergerahmten Terrasse – haben heute Laienensembles ihre Heimat, ab und zu werden Ausstellungen gezeigt und Hochzeitspartys vermögender Paare gefeiert. Im Inneren lohnt sich ein Blick in den kleinen, 1994 liebevoll restaurierten Theatersaal mit seinen holzgeschnitzten Rängen und der kuppelgewölbten Decke mit Malereien und Kerzenleuchtern.

Gegenüber vom Theater steht ein weiterer schöner **Kolonialbau** mit steingemauertem Parterre und holzgezimmertem Obergeschoss, in dem heute der Schweizer Konsul residiert. Die kunstvolle Dachzier, das filigrane Balkongitter und die in Taubenblau leuchtenden Fensterläden erheischen die Aufmerksamkeit des Betrachters.

Ein kurzer Abstecher von hier in Richtung Champ de Mars führt einige Häuserblocks weiter zur katholischen **St.-Louis-Kathedrale** 9 (Rue Dauphine/Rue Jules Koenig), einem der ältesten Bauwerke der Insel aus dem 18. Jh. Allerdings wurde die Bischofskirche oft von Naturgewalten zerstört. Der jetzige graue Steinbau mit seinem helmlosen Turmpaar ist eine Rekonstruktion aus dem Jahr

1932. Interessant im ansonsten schlichten Inneren der Kathedrale sind die Gräber der Gattin des Gouverneurs Mahé de Labourdonnais und ihres Sohnes. Der *Springbrunnen* mit Löwenskulpturen vor dem Gotteshaus stammt aus dem Jahr 1786. Hinter der Kirche liegt inmitten eines hübschen umgitterten Gartens das *Palais Episcopal*, die Bischofsresidenz, die eine ausnehmend attraktive Veranda besitzt. In der näheren Umgebung sind weitere Bauten aus der kolonialen Vergangenheit von Port Louis zu entdecken.

Wieder zurück am Stadttheater, biegt man in die Rue du Vieux Conseil ein, in der das **Worldwide Mask Collection Museum** 10 (Mo–Fr 9.30–17, Sa bis 12 Uhr) seine Pforten geöffnet hat. Rituelle Stammesmasken gehören zu den ältesten Kultobjekten auf der Welt, seit undenklichen Zeiten dienen sie zur Heilung Kranker und zur Abwehr des Bösen. So wird hier ein Reigen hochinteressanter farbenprächtiger, teils Furcht erregender, aber auch witziger Masken aus aller Welt dargeboten. Bei genügend Publikumsinteresse (ca. 75 Personen) werden die Masken in einer Show zum Leben erweckt …

Der Rue Intendance nun stadteinwärts bis kurz vor den Hafen folgend, fällt am Ende der Av. Duc d'Edinburgh und Av. Reine Elizabeth eines der ältesten und zugleich das politisch bedeutendste Gebäude auf Mauritius ins Auge: Den **Regierungspalast** 11 (Hôtel du Gouvernement) ließ Labourdonnais 1740 als einstöckiges Holzhaus mit Ziegeldach und Steinsäulen errichten, das zweite Stockwerk wurde 1806/07 unter dem letzten französischen Gouverneur, General Decaen, aufgesetzt. Mächtige Flamboyantbäume [s. S. 9, 31] umstehen das zierliche

Pummeliges Wahrzeichen – Nachbildung des Dodo im Naturkundemuseum

Flugunfähiger Fleischberg – der Dodo

Er begegnet dem Urlauber auf Schritt und Tritt: als plüschiges Souvenir oder als wertvolle Goldmünze, auf dem mauritischen Wappen und auf Briefmarken. Dabei ist der Dodo seit mehr als 300 Jahren ausgestorben – und avancierte doch zu einer Art **Maskottchen** des Inselstaates. Der weltweit einzigartige Vogel war nicht gerade eine Schönheit: In grauem Federkleid, mit wuchtigem **Hakenschnabel** und dickem Hinterteil watschelte er auf zu kurz geratenen Beinen herum und die Holländer spöttelten bei seinem Anblick im 17. Jh.: Was für ein ›Dodo‹ (**Faulpelz**)! Für seine Trägheit konnte der fettleibige, um 25 kg schwere Dodo nichts: Nur mit den über Jahrmillionen verkümmerten Flügeln ausgestattet, war er der Umwelt hilflos ausgeliefert, besonders als die Holländer den Wald rodeten, um den Boden für den Ackerbau nutzbar zu machen. Da saß der dicke Dodo plötzlich schutzlos da – als fette Beute. Den traurigen Rest besorgten Affen und Ratten, die mit den holländischen Einwanderern von Bord gingen, dem Dodo die Eier aus seinen Nestern fraßen und damit dem Dodo-Nachwuchs keine Chance ließen. Innerhalb von wenigen Jahrzehnten war der Vogel ausgerottet. Zwischen 1681 und 1693 soll er das letzte Mal gesehen worden sein. Im englischen Sprachgebrauch ist der Dodo mittlerweile ein Synonym für mausetot – **dead as a Dodo**.

Der hässliche **Drontenvogel** aus Mauritius ist kein Einzelfall und gilt unter Wissenschaftlern als Paradebeispiel für das rasche Ende von Gattungen auf isolierten Inseln, nachdem diese von europäischen Kolonialisten und Eroberern in Besitz genommen wurden. Bis auf ein paar Knochen und einen Schädel im Museum von Oxford ist von dem **Raphus cucullatus** nichts mehr übrig geblieben. Ein originalgetreues Modell ist im Naturkundemuseum von Port Louis zu besichtigen.

Haus mit seinen luftigen Veranden. Heute werden nur noch Staatsgäste in den ehrwürdigen Hallen empfangen – das mauritische Parlament tagt in den klimatisierten Neubauten dahinter. Im Ehrenhof trägt *Queen Victoria* in Marmor wacker ihr Zepter, hinter ihr halten leibhaftige Uniformträger Wache. Das Innere, das mit Gemälden, Kolonialmöbeln und Parkettboden ausstaffiert ist, ist Besuchern leider nicht zugänglich.

Schräg vis-à-vis, in einer hübschen, gelb getünchten Kolonialvilla neben dem Jardin de la Compagnie mit seinen Schatten spendenden und Luftwurzel werfenden Banyanbäumen hat das **Naturkundemuseum** 12 (Natural History Museum/Musée de Port Louis, La Chaussée; Mo/Di/Do 9–16, Sa/So 9–12 Uhr) sein Quartier. Schon seit 1831 werden hier Exponate aus den Bereichen der Naturwissenschaft und der Inselgeschichte gesammelt: ausgestopfte Vögel und Hirsche, Meeresschildkröten und Walskelette, eingelegte Schlangen und Echsen, aufgespießte Schmetterlinge, Muscheln, Korallen und anderes Meeresgetier. Ungekrönter Star der kleinen ambitionierten Ausstellung ist zweifellos der *Dodo*, das einzigartige mauritische Vogelwesen. Der Didus ineptus, auch Raphus cucullatus, wurde schon seit Ende des 17. Jh. nicht mehr auf der Insel gesehen, er verschwand in die ewigen Jagdgründe – ausgerottet durch die Kolonialherren. Im ersten Stock befindet sich die **Staatsbibliothek** mit Tausenden von Büchern, Lexika und einem Zeitungsarchiv sowie eine Kunstgalerie.

Verlockende Hallen des Konsums – Le Caudan Waterfront in Port Louis

In Hafennähe – Postwertzeichen und Einkaufsglück

Durch einen Fußgängertunnel gelangt man auf die Hafenseite der Stadt, wo das älteste Postamt der Insel steht, 1868 erbaut. Eine Esplanade führt unter Palmen vorbei an Kinderspielplatz und Springbrunnen nach Süden zur neuesten Attraktion für Besucher und Inselbewohner – zum 1998 vollendeten Vergnügungscenter **Le Caudan Waterfront** 13 (www.caudan.com). Der Architekt Maurice Giraud scheint durch Disney-World-Märchenschlösser inspiriert gewesen zu sein, denn die vielfach verschachtelte Anlage am Hafen zeichnet sich durch die unterschiedlichsten Giebel-, Erker- und Tambourformen, durch verspielte Türmchen, Arkaden und Pavillons in zartem Rosé aus. 150 Geschäfte haben sich in der zweistöckigen Einkaufspassage angesiedelt: Duty-free-Schmuckläden, Boutiquen, Souvenirgeschäfte, fünf Kinos, ein Fünfsternehotel, ein Nachtklub und ein Kasino, Restaurants und Imbissbuden, Cafés und Eisdielen, Reisebüros und Kunstgalerien. Einen Lageplan für das verzweigte Caudan Waterfront hält das Tourismusbüro bereit.

Einen Besuch lohnt auch das gegenüber des modernen Centers untergebrachte **Blue Penny Museum** 14 (Mo–Sa 10–17 Uhr, www.bluepenny museum.com). Die private Sammlung bietet den größten Schatz auf Mauritius: die Blaue und die Orangerote Mauritius in Originalen mit dem Druckfehler aus dem Jahr 1847. Die beiden echten Marken sind Leihgaben der Mauritius Commercial Bank (MCB), wo sie zuvor im Tresor aufbewahrt wurden. 1993 hatte ein Zusammenschluss aus mauritischen Firmen der MCB diese beiden Marken auf einer Schweizer Auktion für 38 Mio. Rupies ersteigert – der Marktwert für betuchte Phi-

Begehrtes Duo – der Traum jedes Philatelisten

Die Blaue Mauritius – ein glorreicher Irrtum!

Es war **Anfang des 20. Jh.** in Frankreich: Ein kleiner Junge verbrachte seine Nachmittage nach der Schule in den verstaubten Archiven der Firma seines verstorbenen Vaters in Bordeaux. Er fahndete nach einer ganz bestimmten Briefmarke, von der er in einem philatelistischen Fachblatt gelesen hatte. Des Vaters Firma hatte Geschäftskontakte mit Mauritius unterhalten, die gesuchte Marke war die blaue Mauritius. Der Schuljunge fand einen Briefumschlag: den ›**Bordeaux-Brief**‹, der gleich zwei der weltberühmten Marken aus Mauritius trug – eine blaue und eine orangerote. Für umgerechnet rund 10 000 € verkaufte der französische Junge seinen Schatz.

So weit die **Legende** oder – eine von vielen Geschichten rund um die Mauritius-Marken mit dem Konterfei der Königin Viktoria von England. Wahr ist: Der berühmte Bordeaux-Briefumschlag mit den beiden Marken – das ›**Kronjuwel der Philatelie**‹ – wechselte zuletzt in der Schweiz für insgesamt **6,5 Mio. DM** (ca. 3,3 Mio. €) den Besitzer: Nur 42 Sekunden lang hatten sich die Interessenten in einem hektischen Duell gegenseitig überboten, der Preis schoss in Hunderttausenderschritten in die Höhe, bis »eine Dame in Schwarz« den Zuschlag erhielt. Noch nie war so viel Geld für ein philatelistisches Sammlerstück bezahlt worden! Bei dieser legendären **Auktion 1993** waren insgesamt fünf Marken des japanischen Industriellen und Sammlers Hiroyuki Kanai versteigert worden.

Rückblende: Einem zerstreuten Graveur verdankt Mauritius seine begehrteste Attraktion: Am **21. September 1847** war das Geburtsdatum der blauen und orangeroten Mauritius, nur sieben Jahre nach Einführung der Briefmarke in Großbritannien. Mauritius war – nach England, der Schweiz und Brasilien – das vierte Land weltweit, das den Druck von Briefmarken startete. Anlässlich eines großen **Maskenballs** im Regierungspalast von Port Louis, den der Gouverneur **Sir William Gomm** und seine Gattin am 30. September 1847 gaben, wurden 500 orangerote **One-Penny-** und 500 indigoblaue **Two-Pence-Marken** gedruckt und auf die Einladungsschreiben geklebt.

Doch die Marken hatten eine Macke. Sie verdanken ihren Ruhm einem Fehler auf der Druckplatte, die 1847 kurzzeitig benutzt wurde: Anstelle der normalen Aufschrift ›Post Paid‹ hatte der Graveur **Joseph Osmond Barnard** ›Post Office‹ eingraviert, angeblich stand er unter Zeitdruck. Die Einladungen wurden – ohne großes Aufsehen zu verursachen – mit den fehlerhaften Marken in alle Welt verschickt. Der Brief nach Bordeaux (am 4. Oktober 1847 abgesandt) benötigte auf der Seereise über England, Boulogne und Paris 85 Tage, ehe er im Zielort ankam. Erst 1869 entdeckte Madame Borchard aus Bordeaux das Malheur – und die Weltreise der seltenen Marken konnte beginnen …

Was ist aus den anderen Fehldrucken geworden? Die meisten verschwanden wohl unbeachtet im Papierkorb. Heute existieren vermutlich nur noch **12 blaue** und **14 orangerote Mauritius** in privaten Sammlungen (zwei Marken im Museum für Kommunikation in Berlin). Auch **Queen Elizabeth II.** ist im Besitz je einer dieser Raritäten. Die fehlerhafte Druckplatte wird in London im Britischen Museum aufbewahrt.

latelisten liegt derzeit bei rund 50 Mio. Rupies, umgerechnet ca. 2 Mio. Euro. Nun werden diese beiden Kostbarkeiten jede Stunde jeweils für zehn Minuten dem Publikum gezeigt. Die Ausstellung ist aber nicht nur für Philatelisten interessant: Eine Abteilung stellt die berühmte Tragödie zwischen Paul und Virginie dar. Außerdem sind historische Landkarten und Dokumente, Schiffsmodelle, nautische Instrumente und Wrackfunde zu sehen. Gemälde und Skulpturen veranschaulichen das europäische, afrikanische und asiatische Erbe der Insel.

Im Hafenbecken liegen Motorjachten vor Anker, einige Bootsbesitzer bieten Hafenrundfahrten an.

i Praktische Hinweise

Information

Mauritius Tourism Promotion Authority (MTPA) , Air Mauritius Center, 5 President John Kennedy Street, Port Louis, Tel. 2 10 15 45, Fax 2 12 51 42, mtpa@intnet.mu (Mo–Fr 9–16, Sa 9–12 Uhr; wenn das Büro im Erdgeschoss zur Mittagszeit geschlossen ist, kann man sich Informationen wie Broschüren, Karten usw. im 11. Stockwerk abholen)

Einkaufen

Außer dem Le Caudan Waterfront (s. o.) findet man viele Geschäfte im *Happy World Center* (Rue Sir William Newton, Port Louis), ansonsten:

L'Argonaute, 3 Rue Sir William Newton, Port Louis, Tel. 2 08 65 97. Allerlei touristischer Schnickschnack, aber auch gutes Kunsthandwerk und Schmuck. Die Muscheln und Korallen sollte man jedoch nicht kaufen (Mo–Fr 9–16.30, Sa 9–12 Uhr).

Hémisphère Sud, Plaine Lauzun, Port Louis, Tel. 2 10 64 70. Eleganz in Leder: Schuhe, Handtaschen, Gürtel usw. (Mo–Fr 9–17 Uhr).

Hotel

Labourdonnais Waterfront Hotel, Le Caudan Waterfront am Hafen, Port Louis, Tel. 2 02 40 00, Fax 2 02 40 40, www.labourdonnais.com. 109 luxuriöse Zimmer und Suiten mit Meerblick, mitten im Geschäftsviertel.

Restaurants

Carri Poule, Place d'Armes, Port Louis, Tel. 2 12 48 83 und 2 12 12 95. Indisch-kreolische Gerichte in elegantem Ambiente (Mo–Sa 10–22 Uhr).

La Bonne Marmite, 18 Rue Sir William Newton, Port Louis,Tel. 2 12 24 03. Indisches Büfett im Parterre oder vornehm Speisen im zweiten Stock dieses Kolonialhauses (Mo–Fr 8.30–16.30, Sa 8.30–11 Uhr).

Le Café du Vieux Conseil, Rue du Vieux Conseil, Port Louis,Tel. 2 11 03 93. Das kleine Open-Air-Lokal in einem Bau aus dem 18. Jh. versteckt sich in einer Gasse hinter einem schmiedeeisernen Tor – eine richtige Oase: mauritische Speisen in einem Garten unter Mangobaum und Palmen (tgl. 11.30–15 Uhr, So/Fei geschl.).

2 Domaine Les Pailles

TOP TIPP *Mauritische Geschichte und Kultur sowie exzellente Restaurants in wunderschöner Gartenlandschaft.*

Am Wochenende zieht es die Städter aus Port Louis und Curepipe in ein ganz besonderes Naherholungsgebiet, das nur 5 km südlich von Port Louis entfernt liegt: Die Domaine Les Pailles (Les Pailles, Tel. 2 86 96 36, tgl. 9–16.30 Uhr; 45-minütige Führungen oder Tageskarten) ist ein abwechslungsreiches Freiluftmuseum, in dem mauritischen Schulklassen und Touristengruppen die **Inselgeschichte** auf anschauliche Weise, gleichsam zum Anfassen, nahe gebracht wird. Die Besucher können das 1500 ha große Gelände mit historischen **Pferdekutschen** und auch per **Minizug** erkunden. Wer etwas mehr Zeit hat, kann sich mit dem Jeep hinauf in die **Moka-Berge**, zum *Pic des Guibies* (725 m) oder an die Hänge des *Le Pouce* fahren lassen, dort in aller Ruhe spazieren gehen und aus 500 m Höhe die atemberaubende Aussicht auf Küste und Hauptstadt genießen und – mit etwas Glück und Ausdauer – Java-Hirsche beobachten und Makaken (stämmig gebaute Affen, die zur Gattung der Meerkatzen gehören).

Ein halbstündiger Film zur Landeshistorie wird auf Wunsch im **Besuchercenter** gezeigt, ein Lageplan ist hier ebenfalls erhältlich.

Die Hauptattraktion im Areal ist der Nachbau einer **Zuckermühle** aus dem 18. Jh. Hier wird demonstriert, wie der *Fangourin* (Zuckerrohrsaft) aus den Pflanzen gepresst, gekocht und mit Kalk gerei-

Mit 1 PS durch die Domaine Les Pailles – eine Kutschfahrt durch den Park führt zu einer historischen Zuckermühle, zu prunkvollen Kolonialvillen und vornehmen Restaurants

nigt wird und wie die sirupartige Melasse sich schließlich im süßlich riechenden *Kristallisierungsraum* in braunen Rohzucker verwandelt (Demonstration mit Zuckerrohr nur zur Erntezeit Mitte Juni bis Mitte Dezember). Beliebtes Fotomotiv der kleinen Sugar Mill ist das leibhaftige Buckelrind, das in Les Pailles an der Presse seine Runden dreht (diese Arbeit hatten hier bis 1835 noch Sklaven verrichtet). Aus der übrig bleibenden Melasse wird der mauritianische Rum gewonnen, der nebenan in der *Destillerie* in beeindruckenden Kupferkesseln hergestellt wird. Die Holländer hatten die Arrak-Produktion im 17./18. Jh. in Mauritius eingeführt, um die Seeleute im weiten Indischen Ozean mit Hochprozentigem zu versorgen. Die Melasse wird in einem langwierigen Prozess gekocht und kondensiert. Schließlich ist das fertige Produkt im Souvenirladen der Domaine zu erstehen: *Rum* mit Kokos- oder Kaffeegeschmack oder ›natural‹. In einer weiteren kleinen Destillerie riecht es intensiv nach Zitrone: Aus den blechernen Gerätschaften über dem Ofen gewinnt man verschiedene *Öle* (Lemongras, Eukalyptus, Red Pepper) auf traditionelle, äußerst aufwendige Weise – denn mit 100 kg Blättern sind lediglich 25 ml Pflanzenöl zu erwirtschaften. Die verwendeten Pflanzen stammen zum Teil aus dem **Gewürzgarten** der Domaine.

Die Besucher flanieren durch gepflegte Gärten mit blühendem Hibiskus, vorbei an Ebenholzbäumen und imposanten Springbrunnen, umgeben von den Moka-Bergen und dem markanten Le Pouce. Wahrlich ins Auge stechend sind die für die Insel typischen *Flamboyants* (Flammenbäume), wenn sie zwischen November und Mai knallrot in Blüte stehen. Kein Urlauber pilgert an ihnen vorüber, ohne auf den Auslöser seiner Kamera gedrückt zu haben. Am Wegesrand zeigen Mauritier die traditionelle Fertigung von Körben, Strohmatten und ›Gounis‹-Taschen aus Aloe-Fasern. Aus gerösteten Bohnen von der Domaine-

Kreislauf – in der Sugar Mill der Domaine dreht ein Rind von früh bis spät die Runde

Spitzenadresse – feinste indische Speisen in angenehmem Ambiente serviert das Restaurant Indra in der Domaine Les Pailles

Plantage wird in einem Bottich Kaffee gestampft. Im **Kasino** (tgl. ab 20.30, So/Fei ab 14 Uhr), einer hochherrschaftlichen, blendend weißen Kolonialvilla mit auffallend filigran verbrämter Veranda, treffen sich Spielernaturen beim Black Jack und Roulette oder ganz banal an klimpernden Spielautomaten.

Auf jeden Fall sollte man in eines der exklusiven **Feinschmeckerlokale** (Sammel-Tel. 2124225, Mo–Sa 12–15 und ab 18 Uhr) einkehren. Es locken vier Restaurants, die landesweit den allerbesten Ruf haben. Sega-Shows, klassische indische Tänze und Sitar-Konzerte sowie chinesische Drachentänze begleiten die Mahlzeiten. Etwa im wunderschönen, mit schwerem Brokat, Spiegeln und Karaffen dekorierten *Indra*-Restaurant, wo köstliche indische Speisen gereicht werden, oder im eleganten *Clos St. Louis* mit inseltypischen Gerichten und leckeren Cocktails, die an der Pianobar gemixt werden. Chinesische Küche vom Feinsten in angenehmer Atmosphäre bietet das *Fu Xiao*. Erholung nach Pizza und Pasta im italienischen Gartenrestaurant *Dolce Vita* verheißt der nahe Swimmingpool, an dem Masseure die müden Muskeln unter Eukalyptusbäumen durchkneten.

3 Eureka

Koloniale Lebensart, bewahrt im Maison Créole inmitten ursprünglich wilder Natur.

Einen Hauch vergangener Zeiten spürt der Urlauber im Ort Moka, wo die **Kolonialvilla** Eureka, auch La Maison Créole genannt (Moka, Tel. 4334951 und 4338477, Mo–Fr 9–17, Sa 9–16, So 9–15 Uhr), die Besucher empfängt. Kaum hat man die Autobahn verlassen, findet man sich in

Reise in die Vergangenheit – Einblick in das 19. Jahrhundert vermittelt ein Besuch der Villa Eureka, deren Interieur koloniale Lebensart widerspiegelt

einem Zauberwald an der *Rivière Baptiste* wieder: Ebenholzbäume und einheimische *Tatamaka*-Bäume, Bäche, kleine Kaskaden und natürliche *Jacuzzi*-Pools. Das elegante Haus steht in einem herrlichen Parkgelände vor dem steil aufragenden Berg Ory.

Die Villa wurde 1830 von britischen Siedlern im alten **kreolisch-französischen Stil** erbaut – aus weißen Latten mit zierlich-leichten Holzsäulen und umlaufender Veranda, gedeckt mit einem schwarzen, gaubenbesetzten Ziegeldach – und vor rund 15 Jahren restauriert. Sage und schreibe 109 Türen führen hinein und hinaus und sorgen für frischen Luftzug. Die koloniale **Einrichtung** – Holzmöbel, Vitrinen und Sekretäre, Kronleuchter, Vasen und Porzellan sowie alte Musikinstrumente und Seekarten – vermittelt einen Eindruck der luxuriösen Lebensart der Plantagenbesitzer im 19. Jh. und die Veranda lädt zum gemütlichen Verweilen ein.

Im Garten können Picknicks mit kreolischen Speisen arrangiert werden, manche Besucher übernachten in den kleinen Gästehäusern. Wer hier länger bleibt, der entdeckt beim Spaziergang entlang der Schlucht und des Flusses den kleinen **Wasserfall** und kann in seine erfrischenden Fluten eintauchen. Ein **Restaurant** und ein Souvenirshop vervollkommnen das Angebot und eine Galerie zeigt zeitgenössische Werke sowie wechselnde Ausstellungen mauritischer Künstler.

4 Le Pouce

TOP TIPP

Wanderung auf den Hausberg von Port Louis mit fantastischem Panorama.

Der Berg Le Pouce wacht im Südosten ganz offensichtlich über die Hauptstadt Port Louis. Er ist verlockend und abschreckend zugleich, einem ›Stinkefinger‹ nicht unähnlich (die Bewohner von Port Louis waren jedoch offensichtlich Optimisten und nannten ihn ›den Daumen‹). Wer seine majestätischen **812 m** erklimmen will – das letzte steile Stück ist die reinste Kletterpartie –, wird belohnt mit einem sagenhaften **Ausblick** über Port Louis und den Indischen Ozean. Die gesamte Insel ist von hier aus in einem Panorama zu erfassen. An den Wochenenden teilt man sich den relativ leicht begehbaren Pfad auf den Berg allerdings mit vielen anderen Ausflüglern, meist Einheimischen. Der Weg führt ab Moka (ausgeschildert) aufwärts, durch Zuckerrohrfelder und Wald, über Bäche und an steilen Abhängen entlang (insgesamt etwa drei bis fünf Stunden, je nach Kondition; bei Regen ist der Untergrund schlammig).

Nur für Kletterer mit guten Nerven – Pieter Both, der zweithöchste Inselberg

Auch der **Pieter Both**, der nördliche Nachbar, mit seinem markanten Felsbrocken auf der Spitze (821 m) kann über Grève Cœur erklommen werden, allerdings sind hierzu bergsteigerische Erfahrung und gute Ausrüstung (Bergsteigerschuhe, Seil) vonnöten, außerdem sollte man schwindelfrei sein. In Port Louis werden geführte Klettertouren angeboten. Oben angelangt, haben ohnehin nur maximal acht Bergsteiger auf dem schmalen Gipfel Platz. Eine Gedenktafel erinnert an eine Familie, die hier vom Blitz getroffen wurde.

Grand Baie und der Norden – Jubel und Trubel, Stars und Sternchen

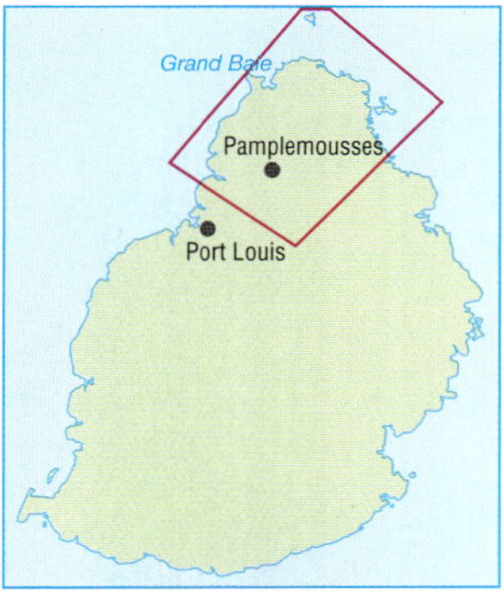

Ob Piraten oder Weltumsegler, Präsidenten oder Hollywoodstars – sie alle kamen und kommen nach **Grand Baie**, in diese verlockend türkisblaue Badebucht mit den meisten **Urlaubsattraktionen** auf Mauritius. In dem Ort im Norden der Insel ist nachts mehr los als in der mauritischen Hauptstadt! Insider wissen: Das allein heißt nicht viel und Gott sei Dank hat sich auch das **Touristenzentrum** Grand Baie seine liebenswerten, landestypischen Seiten bewahrt. Dafür sorgen schon die mauritischen Familien, die sich an Feiertagen und Wochenenden in Sari oder auch Shorts gekleidet, das Carri Poulé (Hühnercurry) und die Teigtaschen-Samosas im prall gefüllten Picknickkorb, unter die Touristen aus aller Welt mischen.

Dabei hatte der Norden mit seinen hübschen versteckten **Badebuchten** und den endlos langen **Stränden** einen ziemlich schlechten Ruf in der Inselhistorie: ›Unglückskap‹ nennen die Einheimischen die nördlichste Spitze des Landes, wo einst regelmäßig Schiffe versanken und wo die alten französischen Kolonialherren die Seeschlacht gegen die neuen Eigner aus England verloren. Und zu allem Überfluss sollen **Piraten** hier ihre Schatztruhen vergraben haben. Aber auch ganz friedliche Seefahrer hinterließen ihre Spuren. Jahrhundertealte **Schoner** erzählen Geschichten von allen Weltmeeren, sei es die ›Isla Mauritia‹ – noch immer in voller Fahrt und Pracht in Grand Baie – oder die ›Gorch Fock‹ als Miniaturausgabe in der berühmten Schiffsmodellfabrik ›Historic Marine‹ in **Goodlands**.

Im Landesinneren zieht der botanische Garten von **Pamplemousses** Besucher aus allen Landesteilen an und verzaubert beim Flanieren mit seinem tropischen, überaus reizvollen Landschaftsbild, geprägt von Palmen, Ebenholz und Lotosteichen. Manch ein Urlauber geht dennoch lieber *unter* Wasser spazieren – ehrlich, kein Seemannsgarn, auch das ist hier möglich …

5 Baie du Tombeau

Die ›Grabesbucht‹ entpuppt sich als idyllischer Badestrand.

Eine der malerischsten Buchten von Mauritius ist zugleich eine der einsamsten – jedenfalls unter der Woche. Doch sollte man den Strand gerade dann mit Vorsicht genießen, in den letzten Jahren kam es hier immer wieder zu Übergriffen auf Touristen. Die hübsche Baie du Tombeau erreicht nur, wer von dem Highway nördlich von Port Louis rechtzeitig zur Küste abbiegt (Richtung Roche Bois, ausgeschildert). Die **Landstraße** ist an der Küstenseite gesäumt von Wochenendhäusern, Villen und einigen preiswerten Gästehäusern, im Osten erstrecken sich ausgedehnte Zuckerrohrfelder weit ins Landesinnere, ein paar Palmen setzen Akzente, dahinter stehen die Bergwächter von Port Louis Spalier: vom bizarren Pieter Both bis hin zum ›Däumling‹ Le Pouce – spitz, zackig, zipfelmützig oder auch stumpf und abgeflacht – eine grandiose Kulisse. Einige schmale Durchgän-

◁ **Oben:** *Îlot Gabriel voraus – das Riff um die kleine Schwesterinsel der Île Plate vor der mauritischen Nordspitze ist hervorragend geeignet zum Schnorcheln*
Unten: *Die wahre Erholung – beschauliche Ruhe am Strand von Trou aux Biches*

ge führen von der Straße zum felsigen, nicht übermäßig attraktiven Strand. Das Filetstück der Tombeau-Bucht jedoch, ein herrlich **goldener Sandstrand**, liegt im Norden, wo sich eine halbrunde, feinsandige Sichel ans blau schimmernde Meer schmiegt. Der breite Strand wird flankiert von Filaos (Kasuarinen), Laubbäumen und Palmen. Hier strömt die *Rivière du Tombeau* ins Meer, einige Fischerboote schwanken im Tintenblau und einsame Muschelsucher stapfen durch den Schlamm. Auch Schatzsucher sollen an dieser Mündung schon nach Piratenschätzen gebuddelt haben, bisher erfolglos.

Ihren Namen verdankt die ›Grabesbucht‹ vermutlich dem 1615 vor der Nordwestküste ertrunkenen **Admiral Pieter Both**, der hier begraben sein soll – eine Zeit lang benannten die Holländer die Bucht nach ihm. Er blieb in der Inselgeschichte allerdings nicht der Einzige, dessen Schiff hier auf ein Riffe auflief und der an der Küste bestattet wurde. Ihnen allen verdankt die Bucht ihren gruseligen Ruf.

i Praktische Hinweise

Restaurant

Tai Pan, Royal Road, Baie du Tombeau, Tel. 2 47 96 16 und -17. Sehr gutes chinesisches Restaurant, elegant eingerichtet, mit Meerblick und Air-Conditioning.

6 Pointe aux Piments

Logenplatz für spektakuläre Sonnenuntergänge.

Durch scheinbar endlose, wogende Zuckerrohrfelder im Landesinneren (die Küstenstraße nach Balaclava nordwärts ist schlecht und wird lediglich von Traktoren befahren) erreicht man die Küste wieder an der Pointe aux Piments. Der rund 2 km lange, mit Felsen durchsetzte **Strand** beginnt hinter einer Wiese mit Kasuarinen und wird im Norden begrenzt durch die **Batterie des Grenadiers**: Die Reste dieser ehemaligen Granatenstellung der Franzosen lassen ahnen, wie umkämpft dieses Eiland im weiten Indischen Ozean einst war. An den Wochenenden wird es hier am Strand voll, rollende Imbissbusse und Eisbuden versorgen die Badenden, kein Meter bleibt unbesetzt von picknickenden Mauritiern. Angler stehen im seichten Wasser, andere suchen Krebse und Muscheln. Am Abend lässt man sich auf den Bänken nieder und genießt das faszinierende Farbenspiel des **Sonnenuntergangs** über dem Indischen Ozean.

Pitchen und Putten in Bilderbuchlandschaft – das Grün des Hotels Maritim ist eine perfekte Spielwiese für leidenschaftliche Golfer

Pool, Meer und noch viel mehr – das First-Class-Hotel Maritim an der schönen Baie aux Tortues lockt mit umfangreichem Verwöhnprogramm

Am Küstenabschnitt rund um Balaclava und die schöne **Baie aux Tortues** (Baie de L'Arsenal), die Mündungsbucht der *Rivière Citron*, haben sich mehrere, teils neue Luxushotels angesiedelt, auch ein maritimer Nationalpark ist geplant. Die **Straßen** im Hinterland von Balaclava sind nicht besonders gut ausgeschildert und so steckt der Ortsunkundige auch schon mal bei Schulschluss unfreiwillig fest im kichernden Schwarm von uniformierten Schülern aller Altersstufen oder er landet in verschlafenen ländlichen Dörfern, wo die Zeit stehen geblieben scheint. Den Mangel an Orientierungshilfen machen die Mauritier mit freundlichen Auskünften und Fantasie wett.

i Praktische Hinweise

Einkaufen

TOP TIPP **Antik Colony** (im Hotel Plaza Beach Resort), Village Hall Lane, Pointe aux Piments. Exotische Düfte und Gewürze, Tees und Kerzen, Honig und Marmeladen mit einheimischen Früchten, Zeichnungen und Schwarz-weiß-Postkarten des mauritischen Alltags, kunstvoll Geschnitztes – hier gibt es all das, was der Indische Ozean an Exotik zu bieten hat.

Hotels

Colonial Beach, Coastal Road, Pointe aux Piments, Tel. 2 61 51 87, Fax 2 61 52 47, www.blue-season-hotels.com. An einem Mini-Korallenstrand gelegenes einfaches Hotel mit 40 zweckmäßigen Zimmern zum Meer, kleiner Pool.

Le Victoria, Coastal Road, Pointe aux Piments, Tel. 2 04 20 00, Fax 2 61 82 24, www.levictoria-hotel.com, Tel. in Deutschland (Beachcomber Hotels): 089/6 29 84 90, Fax 089/6 09 68 11. Großer eleganter Hotelkomplex am langen Strand, helle geräumige Zimmer, imposante Pool-Landschaft, vier Restaurants und Wassersportzentrum.

Le Meridien Île Maurice, Village Hall Lane, Pointe aux Piments, Tel. 2 04 33 33, Fax 2 04 33 04, www.mauritius.lemeridien.com, Tel. in Deutschland: 0 80 02 94 40 40. Komfort ohne Ende bietet dieses herrliche Fünfsternehotel.

Maritim, Balaclava, Baie aux Tortues, Tel. 2 04 10 00, Fax 2 04 10 20, www.maritim.de. Luxusklasse an der halbrunden Bucht, weitläufiger Garten um eine fantastische Badelandschaft, zwei exquisite Restaurants, Tennis, Golfplatz, Reitpferde.

7 Trou aux Biches

TOP TIPP *Angeln, Grillen und Sonnenbaden – Strandleben mit Spaßfaktor.*

Nur ein paar Kilometer weiter nördlich des Pointe aux Piments erstreckt sich einer der schönsten und längsten Strände der Insel mit vorgelagertem **Korallenriff**. An der rund 6 km langen, sanft geschwungenen **Halbbucht** von Trou aux Biches werfen Kasuarinenwäldchen ihre Schatten über den breiten Strand, an dem die bunten Saris der Mauritierinnen mit dem türkisblau-grün schimmernden Ozean um die Wette zu leuchten scheinen. Einige Motorboote sind in der Ferne zu sehen, Windsurfer teilen sich das verlockende Meer mit Badenden, derweil Parasailer im Landeanflug niederschweben. Die Sonnenanbeter versorgen sich an Imbissständen, aus dem Eiscremewagen plärrt Countrymusik. Die meisten Mauritier kommen hierher zum Ende der Woche und übernachten in Familienzelten auf dem Campingplatz unter Filaos. Dabei herrscht Arbeitsteilung nach alter Tradition: Die Männer angeln und grillen, die Frauen kochen leckeres Curry.

Hochseefischer aus aller Welt zieht der hier ansässige Sportfischerklub Le Corsaire an. Unterhaltung ganz anderer Art bietet ein privates **Verkehrsmuseum** (Musée de l'Automobile et du Transport, Route Royale), das in einem Flugzeughangar verschiedene Transportmittel der Vergangenheit zeigt: von Rikschas und alten Rennwagen über Kutschen und Traktoren bis hin zu einer Pirogue (traditionelles Boot mit Dreiecksegel). Das **Meerwasseraquarium** am südlichen Ende von Trou aux Biches ist wegen Umzugs geschlossen, Ort und Datum der Wiedereröffnung sind derzeit nicht absehbar.

Die Küstenstraße führt Richtung Norden vorbei an einigen Hotels, Restaurants, Läden (vor allem mit Taucherausrüstungen) und einem Golfplatz, bis sie hinter dem populären Strand von Mont Choisy am **Pointe aux Canonniers** – einer weit ins Meer ragenden Landzunge mit einer einstigen Garnison der Franzosen – scharf umknickt und in die grandiose Grand Baie mündet. Auf dem Gelände des ehemaligen Forts empfängt heute das Hotel **Le Canonnier** seine Gäste. Festungsruinen wurden dem modernen Bau ansprechend integriert, ebenso ein restaurierter Leuchtturm, der früher seinen Lichtstrahl über die tückische Küste und die Landspitze sandte. Und die vormals kriegerischen Kanonenrohre wirken nun, malerisch drapiert, als Blickfang.

Wasser und Eis – in Trou aux Biches rollt kühle Süßspeise direkt ans Meer

Praktische Hinweise

Hochseefischen

Organisation de Pêche du Nord Corsaire Club, Route Royale, Tel. 2 65 52 09, Fax 2 65 62 67

Hotels

Casuarina Hotel, Trou aux Biches, Tel. 2 04 50 00, Fax 2 65 61 11, www.hotel-casuarina.com. Kleines Hotel, auch Apartments und Bungalows, mit Garten und Pool. Strand jenseits der Straße.

La Cocoteraie, Coastal Road, Mont Choisy, Tel. 2 65 56 94, Fax 2 65 62 30, http://cocoteraie.amltd.net. Moderne Anlage mit Bungalows und Studios, Selbstverpflegung und Restaurant, Swimmingpool.

Le Canonnier, Royal Road, Pointe aux Canonniers, Tel. 2 09 70 00, Fax 2 63 78 64, www.lecanonnier-hotel.com, Tel. in Deutschland (Beachcomber Hotels): 089/6 29 84 90, Fax 089/6 09 68 11. An der Landspitze gelegenes Viersternehotel mit Zugang zu drei Stränden.

Tête-à-tête im Liegestuhl – Trou aux Biches macht Urlaubsträume wahr

Alle rattanmöblierten Zimmer haben Seeblick. Es gibt auch zweistöckige Suiten für Familien.

Trou aux Biches, Trou aux Biches, Triolet, Tel. 2 04 65 65, Fax 2 65 66 11, www.trouauxbiches-hotel.com, Tel. in Deutschland (Beachcomber Hotels): 089/6 29 84 90, Fax 089/6 09 68 11. Palmstrohgedeckte hübsche Bungalows im weitläufigen Palmengarten entlang des kilometerlangen flachen Strandes. Zur Anlage gehören Kasino und Golfplatz.

Villas Mont Choisy, Coastal Road, Mont Choisy, Tel. 2 65 52 61 und 2 65 59 34, Fax 2 65 57 98, www.gbtt.com. Familiäre Anlage mit Studios und Apartments um einen Pool, ca. 100 m zum Strand.

Restaurants

Le Bateau Ivre, Royal Road (Landstraße nach Grand Baie), Pointe aux Canonniers, Tel. 2 63 87 66. Ganz wie auf einem Schiff: Vornehmes holzgetäfeltes Lokal mit Bar, Veranda unter Palmen sowie eine kleine maritime Ausstellung mit Schiffsmodellen. Spezialität: Frisches aus den Tiefen des Meeres (tgl. 19–23.30 Uhr).

Le Dodo, Pointe aux Canonniers, Tel. 2 63 63 89. Gemütliches Bambus-Rattan-Lokal serviert Fischsuppen, gratinierte Krebse, Rindersteak und Hühnercurry – das Beste aus der europäischen und asiatischen Küche.

TOP TIPP **Le Pescatore, Route Côtière**, Trou aux Biches, Tel. 2 65 63 37. Eines der besten Restaurants der Insel. In diesem exquisiten Seafood-Lokal speist man romantisch auf einer Terrasse am Meer, große Weinauswahl (tgl. 12–14.30, 19–22.30 Uhr).

8 Triolet

Die größte hinduistische Tempelanlage auf Mauritius.

Rund zwei Drittel der Mauritier sind indischer Abstammung, die Hälfte der Bevölkerung vertraut dem hinduistischen Pantheon, dem Abertausende von Gottheiten und Verehrten in vielen Erscheinungsformen angehören.

Einer der schönsten Tempel der hinduistischen Glaubensgemeinschaft steht in Triolet, das von der Küste aus nach we-

Oben: *Thaipoosam Cavadee in Triolet – dem kriegerischen Hindu-Gott Murugan werden Gaben dargebracht*
Unten: *Stattlicher Wohnsitz hinduistischer Götter – aufwendig verziert ist der Maheswarnath Shiv Mandir in Triolet*

nigen Kilometern landeinwärts erreicht ist. Die einzige Hauptstraße durch das auffallend indisch geprägte Städtchen sollte man jedoch während der Rushhour mit Zentimeter-Stoßverkehr meiden. Shiva bleibt davon natürlich im bergenden **Maheswarnath Shiv Mandir** unberührt. Man kann sich dem Heiligtum in der Shivala Street auch von Trou aux Biches ohne nervenaufreibenden Stau nähern. In Triolet geht man dann am besten zu Fuß, da die Sehenswürdigkeit an einer Einbahnstraße liegt.

Der 1891 errichtete Tempel ist das größte Heiligtum unter den insgesamt 125 Hindu-Tempeln auf Mauritius. Wahrlich imposant und strahlend weiß ragt das blockhafte Gebäude im Zentrum der idyllischen Anlage auf, über und über verziert mit bunten Ornamenten, floralen Bändern, Mustern und einzelnen Blattformen. Über einem breiten Treppenpodest liegt ein Loggienbau mit mächtigen, zu Doppelsäulen gruppierten Pfeilern. Hier

Kleine hinduistische Götterkunde

Cavadee – ein Joch, das die hinduistischen Pilger zum Büßerfest Cavadee im Januar/Februar tragen
Durga – eine Erscheinungsform von Shiva-Gattin Parvati, reitet auf einem Tiger
Ganesh – der elefantenköpfige Gott, Sohn von Shiva und Parvati, zuständig für Weisheit und Wohlstand
Hanuman – der Affengott und General der Affenarmee aus dem indischen Helden-Epos Ramayana
Kali – Furcht erregende Erscheinungsform von Parvati, der Frau Shivas
Kanwar – ein mit Verzierungen geschmücktes Bambusgestell, das beispielsweise beim Maha-Shivaratree-Fest dem Meer und den Göttern übergeben wird
Krishna – eine bekannte Inkarnation von Vishnu
Lakshmi – die Gemahlin von Vishnu und als Göttin zuständig für Schönheit, Wohlstand und Glück
Lingam – phallisches Symbol für die Energie Shivas, meist im Tempelzentrum platziert
Mandir – hinduistischer Tempel
Murugan – der Sohn Shivas (auch als Skanda und Kartika bekannt)
Nandi – Stier und Reittier Shivas

Nandi mit Kopftuch – auch Shivas Reittier wird liebevoll geschmückt

Parvati – die Gemahlin Shivas und Göttin (auch Durga)
Rama – Held im Epos Ramayana und eine der Wiedergeburten von Vishnu
Shiva – der Retter der Menschheit und Zerstörer des Bösen, einer der drei wichtigsten Götter im hinduistischen Pantheon nach Brahma, dem Weltenschöpfer, und Vishnu, dem Erhalter

wacht Shivas Reittier Nandi, dessen ›Rasse‹ manchmal nur zu erahnen ist – meist ist es als Stier gebildet. Dahinter erhebt sich der würfelförmige Baukörper des **Haupttempels**, geschmückt mit nischenähnlichen Segmenten, die wichtige Hindu-Götter bevölkern. Obenauf sitzt eine umgitterte, mit einem mehrfarbigen Ziergefäß bekrönte Kuppel.

Im schlichten **Inneren** ist Shivas phallisches Symbol, der *Lingam*, mit einem roten Tuch bedeckt. Davor verbreiten Öllampen und Sandelholz-Stäbchen den typischen, angenehmen Tempelduft. In den Ecken wachen weitere Götter: rechts vom Eingang die Frau Shivas, *Parvati*, links sein Sohn, der elefantenköpfige Gott *Ganesh*, hinten an der Wand *Lord Kartika* (Murugan).

Um den Hauptschrein zu Ehren Shivas sind weitere Tempel gruppiert, in denen auch Vishnu, Krishna und Ganesh gehuldigt wird. Zum spektakulären Büßerfest **Thaipoosam Cavadee** im Januar/Februar kann man hier im Tempelhof Tausende von Hindus beim Kasteien und Beten beobachten [s. S. 93]. Schuhe sind übrigens vor dem Betreten des Haupttempels auszuziehen. Falls der Tempelwächter oder Priester auf Wunsch die verschiedenen Tempelfiguren erläutert, ist eine kleine Spende selbstverständlich.

9 Grand Baie

Amüsement und beste Ferienstimmung in einer reizvollen Bucht der Nordwestküste, in der trotz zahlreicher Geschäfte, Restaurants und Hotels auch noch ruhige Oasen zu finden sind.

Weiße Jachten und Katamarane blitzen in der weiten blauen Bucht, Urlauber genießen ihre Happy-Hour-Cocktails mit

Blick auf den Jachtklub. Der prächtige Schoner ›Isla Mauritia‹ hisst seine rostbraunen Segel, ein Wasserskiläufer saust winkend vorbei. Schatten spendende Palmen und Filaos stehen an den Stränden, wo bunte Surfsegel im Wind flattern, lilafarbene Bougainvilleen blühen in allen Hotelgärten. Ab und zu fährt ein protziges Cabrio auf der Uferpromenade vorbei – war das nicht eben Sharon Stone?!

Doch der erste Eindruck trügt: Grand Baie liegt nicht an der Côte d'Azur, auch wenn man hier durchaus einem Starmodel namens Naomi beim Souvenirbummel oder beim Dinner begegnen kann. Der **erste Badeort** auf Mauritius, keine 20 km von der Hauptstadt entfernt, hat sich an manchen Ecken seine unaufgeregte und legere Atmosphäre bewahrt, aus den Zeiten als er noch ein ruhiges kleines Fischerdorf war. Hier ist gar kein Platz für Angeber, denn kaum ist man im Ortszentrum (erkennbar an Bank, Supermarkt, Restaurants, Boutiquen und Autoverleih) dem Bus entstiegen und den **Sunset Boulevard** entlanggeschlendert, ist Grand Baie City auch schon durchquert. Kein Ort, für den man unbedingt ein Abendkleid oder den Smoking einpacken muss – es sei denn, man logiert im noblen **Royal Palm Hotel**.

Côte d'Azur im Indischen Ozean

Die ›Große Bucht‹ zieht sich über mehr als 5 km zwischen Pointe aux Canonniers und dem Örtchen Péreybère an der Nordwestküste entlang – die meisten Strandabschnitte sind von Hotels belegt, besonders in der nördlichen Ecke. Hier bleiben die Urlauber tagsüber unter sich, bis auf einige fliegende Händler, die ihr Glück mit Strandtüchern und T-Shirts versuchen, und erst am späten Nachmittag bricht alles zum Bummeln im Zentrum auf. Auch viele (französische) Individualreisende oder weltumsegelnde Globetrotter bevorzugen Grand Baie als Urlaubsort, denn die Auswahl an **Ferienapartments** ist mittlerweile schier

Gute Unterhaltung – in Grand Baie herrscht kein Mangel an Nachtklubs und Diskotheken

Kaschmir für Urlaubsgäste – gut sortiert sind die Geschäfte in Grand Baie

unerschöpflich – den Anfang hatte das *Merville Hotel* gemacht, das in den 1970er-Jahren als Erstes in Grand Baie seine Pforten öffnete. Manch ein Mauritier spricht vom »kosmopolitischen Grand Baie, der Côte d'Azur von Mauritius« …

In seinem Kern ist der Ort noch untrügerisch mauritisch, vor allem am Wochenende: Familien entspannen sich unter Filaos auf den Bänken an der Promenade, einige haben hier ihre Zelte aufgeschlagen. Schweift der Blick über die Bucht nach Süden ins Hinterland, trifft er in der Ferne auf die markanten Berge Pieter Both und Le Pouce. Die Fischer werkeln an ihren Booten, zwei Badende üben sich beim Unterwasserkopfstand-Wettstreit. Eine Mutter steht mit gerafftem Sari bis zu den Knien im seichten Wasser und planscht mit ihrem Sohn. Bei Sonnenuntergang schallen vom Hindu-Tempel hinter ihnen die Gebete herüber. Um diese Zeit füllen sich dann auch die Bürgersteige, in Grand Baie haben die meisten **Geschäfte** bis spät in den Abend geöffnet: Schiffsmodelle, Bikinis und T-Shirts, Schmuck, Musikkassetten, CDs und naiv anmutende, typisch mauritische Gemälde in allen Regenbogenfarben warten auf neue Besitzer. Nicht jedes feilgebotene Kunsthandwerk stammt tatsächlich aus Mauritius – man sollte sich genau nach dem Herkunftsland der

Oben: *Schnellboote auf der Lauer – Grand Baie ist ein Zentrum des vergnügten Badetourismus*
Unten: *Vadapazhanee Murugan Kovil – figurenreicher Hindu-Tempel in Grand Baie*

Schnitzereien erkundigen, wenn sich das ›echt mauritische‹ Souvenir nicht als eigentlich indonesisch entpuppen soll.

Discotanz und Selbstkasteiung

Die enge Fahrbahn verstopft in den Abendstunden allmählich, Pop und Seggae dröhnen aus Autos und Geschäften. Einige mauritische Jungs nutzen die Gunst der Stunde und wispern den blonden Urlauberinnen »Bonsoir Madame« hinterher – in der Hoffnung, sie in einem der vielen **Nachtklubs** oder einer der **Diskotheken** wieder zu treffen, etwa im *Le Bambou* (Tel. 2 63 50 77, nur Mi/Fr/Sa) bei *Charlie* (Tel. 4 23 14 58) oder in der *No. One Disco* (Tel. 2 63 84 34). Zweifellos hat Grand Baie die höchste Konzentration an **Bars** und **Restaurants** auf der Insel, am meisten los ist am Wochenende, wenn die Jugendlichen aus allen Himmelsrichtungen nach Grand Baie strömen, wo sie bis zum Sonnenaufgang schwofen.

Als besinnliches Kontrastprogramm lohnt der Besuch des Tempels **Vadapazhanee Murugan Kovil** (tgl. 6–18 Uhr) an der Hauptstraße, der 1967 errichtet wurde und dem Kriegsgott und Shiva-Sohn *Murugan* geweiht ist (auch Kartika und Skanda genannt). Man beachte den kun-

TOP TIPP Undersea Walk

An Bord sind alle in gespannter Erwartung, alle sehen martialisch aus: Tauchanzug oder Badeanzug mit kiloschwerem Bleigürtel um die Hüften, Gummi-Boots, 40 kg schwerer Helm auf den Schultern. Das Unternehmen wirbt damit, dass ›**alle und jedermann**‹ an dem Unterwasser-Spaziergang teilnehmen können, man muss nicht einmal schwimmen können. **Boris Becker** machte es vor, wie die Broschüre verrät, und zu unserer Truppe gehören ein Mann mit Beinprothese, ein Kind und eine füllige 70-jährige Engländerin. Jimmy setzt ihr den wasserdichten und mit den Sauerstoffflaschen auf der Tauchplattform verbundenen Helm auf, die Brille kann sie aufbehalten, und dann geht's unter Wasser.

Dort angelangt, nimmt Jimmy alle an die Hand und die Unterwasser-Spaziergänger tippeln ihrem Schicksal im 3 m tiefen türkisgrünen Ozean entgegen. Es ist wie Laufen auf dem Mond, Tauchen und Schlafwandeln in einem. Tatsächlich werden Astronauten auf diese Weise ausgebildet. Blasen steigen auf, Blubbergeräusche im Helm. Die Unterwasser-Spaziergänger tänzeln durch das Wasser, fast schwerelos und wie in Zeitlupe. Mit Brot angelockt, umzingeln uns plötzlich Hunderte von **Fischen**: ein Schwarm schwarz-weiß Gestreifter, einzelne in Rosa, andere im Regenbogen-Outfit und einige mit feuerrotem Streifen. Eine wahre Fisch-Armada, die anderen Teilnehmer sind angesichts dieser opulenten Unterwasserfauna auf einmal nicht mehr zu sehen. Tintenfische schweben über Korallengärten, die Weichkorallen fühlen sich an wie Wackelpudding. Jim berührt ein haariges Etwas, eine Riesenmuschel, die sich sofort schließt, Gerard schießt die Unterwasserfotos, im Preis inbegriffen.

Was doch für eine Ruhe hier unten herrscht! Eine Szenerie fast wie in einem Abenteuerroman von Jules Verne – wie in ›Zwanzigtausend Meilen unter dem Meer‹, wo Kapitän Nemos Mannschaft den Meeresboden bestellte, um die Besatzung der Nautilus mit Lebensmitteln zu versorgen. Nach 20 Minuten ist der Spaziergang vorbei. Die indische Urlauberin Rashmi sagt strahlend: »Ich fühle mich wie die erste Frau auf dem Mond.«

Captain Nemo's Undersea Walk Ltd., Grand Baie, Uferpromenade nahe der Caltex-Tankstelle, Tel. 2 63 78 19, www.captainemo-underseawalk.com.

Piratenflair auf der ›Isla Mauritia‹ – abwechslungsreich ist ein Segeltörn mit dem alten Schoner entlang der mauritianischen Nordwestküste

terbunten, rechteckigen Tempelturm über dem Eingang – *Gopuram* genannt –, den kunstvolle Götterfiguren in reicher Zahl bevölkern. Sie stehen, hocken oder lehnen in teils lässiger Haltung an den scharfen Profilen, Ecken und Gesimsen und wurden von Künstlern der Chennai School of Fine Arts in Madras/Südindien geschaffen.

Besonders viele Hindus zieht es hierher zu den Festen *Aadi Khartigai* (August) und *Skanda Shasti* (November), doch der größte Ansturm der Gläubigen und Büßer findet am *Thaipoosam Cavadee* (Januar/Februar) statt, wenn die Hindus mit Selbstkasteiungen und Gebeten ihren Gott Murugan um Vergebung all ihrer Sünden bitten; etwa mit dem Tragen eines schweren Holzgestells – dem Cavadee – und in die Haut gesteckten Nadeln [s. S. 93].

Vergnügungen trocken und nass

Wer im Urlaub möglichst viel unternehmen will – über und unter Wasser – ist in Grand Baie am richtigen Platz. Allein die Auswahl an maritimen Ausflügen ist riesengroß. Der Renner unter den hiesigen Aktivitäten ist der **Undersea Walk** – wenngleich inzwischen die Unterwasser-Spaziergänger auch in anderen Badeorten vor der Küste von Mauritius wandeln können. Ein anderer sehr empfehlenswerter Ausflug bringt die Urlauber an Bord des Zweimastschoners **›Isla Mauritia‹** (Info: Yacht Charter, Coastal Road, Grand Baie, Tel. 2 63 83 95) zu einsamen Schnorchelplätzen an der Nordwestküste und vermittelt Piratenfeeling bei Sega-Rhythmen, Fischcurry und Seemannsgesängen. Das 1852 auf Mallorca erbaute Segelschiff (32 m lang) war 1959 unter mysteriösen Umständen gesunken. Nach einer Totalrestaurierung fand das Schiff Verwendung in diversen Abenteuerfilmen, segelte zwischen Europa und der Karibik hin und her, bis es schließlich 1989 den Indischen Ozean durchquerte und in Mauritius Anker warf – nach Millionen Seemeilen eine Grande Dame der Schifffahrtsgeschichte und noch lange nicht im Ruhestand.

TOP TIPP

Der wasserscheue Urlauber muss in Grand Baie überhaupt nicht unter Wasser gehen, um faszinierende Tauchgründe zu erkunden, er kann einfach einsteigen ins **›Le Nessee‹** (Royal Road, Grand Baie, Tel. 6 74 36 95). Mit dieser Unterwassergondel sind die Wunder des Indischen Ozeans trockenen Fußes zu bestaunen. Oder man schwebt mit dem U-Boot **Blue Safari Submarine** (Tel. 2 63 33 33) auf einer 45-Minuten-Fahrt vorbei an Wracks, Korallengärten und bunten Fischschwärmen. Sogar nachts kann man damit die glitzernde Unterwasserwelt im Licht der

Scheinwerfer betrachten, und auf Honeymooners warten ganz spezielle Überraschungen …

Kleine Bucht im Norden

Knapp 4 km vom Ortszentrum Grand Baie entfernt, mausert sich im Norden der kleine Strand bei **Péreybère** zum Ziel derer, denen Grand Baie schon zu touristisch ist. Kleine Läden und Galerien, ein paar Restaurants, Bars und Ferienhäuser haben sich entlang der Küstenstraße und im Hinterland angesiedelt. Einige Strandhändler und Beach Boys plaudern mit Touristinnen unter Kasuarinen, Kajaks stehen bereit zur Spritztour ins funkelnde Nass. Im Norden kann man die flachen Felsen erklimmen und in Ruhe die Aussicht auf das Treiben genießen – oder selbst zum Schnorcheln am Riff ins Wasser steigen. Die **Taucher** rund um Grand Baie treffen sich an den drei Wracks ›Silver Star‹, ›Amar‹ und ›Star Hope‹ (alle in 22–40 m Tiefe), die auch viele farbenprächtige Fische anlocken.

i Praktische Hinweise

Hotels

Bella Vista, Route Royal, Grand Baie, Tel. 2 63 84 89, Fax 2 63 51 95. Preiswertes Minihotel am Ministrand. Zwölf ordentliche Zimmer und vier Apartmenthäuser mit Klimaanlage. Meerblick vom Balkon, Restaurant und Tennisplatz.

Hibiscus Village, Péreybère (am südlichen Ortseingang), Tel. 2 63 85 54, Fax 2 63 85 53, www.hibiscushotel.com. Beste Adresse in diesem Miniort: kleines ruhiges Strandhotel mit 15 gut ausgestatteten Zimmern und viel besuchtem Strandrestaurant über dem Meer (kreolisch und europäisch). Eigene Tauchschule.

Service unter Palmen im Royal Palm, einem der besten Häuser auf Mauritius

Le Mauricia, Royal Road, Grand Baie, Tel. 2 09 11 00, Fax 2 63 78 88, www.lemauricia-hotel.com, Tel. in Deutschland (Beachcomber Hotels): 089/6 29 84 90, Fax 089/6 09 68 11. Wunderschönes, zentral gelegenes Hotel der oberen Mittelklasse, doch herausragend dank sehr gutem Service. Legere Atmosphäre, schmaler Strand, zwei Pools, viele Wassersportmöglichkeiten, Wellness-Center und Wassertherapiezentrum, zwei exzellente Restaurants, auch mit regionaler Küche.

Merville Beach, Grand Baie, Tel. 2 09 22 00, Fax 2 63 81 46, www.naiade.com. Eines der ersten Häuser auf der Insel mit hellen Balkonzimmern in einem vierstöckigen Hotel und Ferienhäusern an einer idyllischen Bucht mit langem Strand.

Ocean Villas, Royal Road, Grand Baie, Tel. 263 67 88, Fax 263 30 55, www.ocean-villas.com. Mediterran anmutende Anlage in ruhigem Palmengarten am kleinen Privatstrand mit preiswerten, zweistöckigen Apartmenthäusern (für bis zu acht Personen), eigener Supermarkt, Frühstücksrestaurant. Pool und Jacuzzi.

TOP TIPP **Royal Palm**, Royal Road, Grand Baie, Tel. 2 09 83 00, Fax 2 63 84 55, www.royalpalm-hotel.com, Tel. in Deutschland (Beachcomber Hotels): 089/6 29 84 90, Fax 089/6 09 68 11. Einfach ein Traum: Tophotel nicht nur für Weltstars. Luxusleben in 66 geräumigen Zimmern, 16 Suiten und einem Penthouse – und jede Menge ›Privacy‹ sowie ein romantisches Freiluftrestaurant.

The Beach Club, Péreybère, Tel. 2 63 51 04, Fax 2 63 52 02. Studios und Apartments direkt an der kleinen gleichnamigen Badebucht.

Restaurants

Cafeteria Péreybère, Péreybère, Tel. 2 63 85 39. Vom Badelaken ist es nicht weit zu diesem chinesischen Imbiss am Strand, auch Take-away.

Chez Ram, Royal Road, Grand Baie (neben dem Hindu-Tempel im Südwesten). Einfaches Straßenlokal mit mauritischen

Zum Greifen nah – die Insel Coin de Mire liegt in Sichtweite von Cap Malheureux, der nördlichsten Spitze von Mauritius

Insel im Norden

Rund 5 km weiter im Norden als Coin de Mire liegen die Inseln **Flat Island** (Île Plate, dicht bewachsen, mit schönen Stränden und Leuchtturm) und die nur 100 m davon entfernte **Îlot Gabriel**. Beide sind beliebte Ziele der Jacht-Ausflügler und Schnorchler aus den Badezentren im Norden.

Etwa 20 km nordöstlich von Mauritius treiben zwei von Wind und Wetter merkwürdig geformte Inselchen im Indischen Ozean: **Round Island** (Île Ronde) und die Schlangeninsel **Île aux Serpents**. Allein von ihrem Namen sollte man sich kein Bild machen, denn weder ist die ›Runde Insel‹ rund noch gibt es Schlangen auf der ›Schlangeninsel‹, denn die leben auf Round Island! Es ist also genau umgekehrt, wahrscheinlich ein kleiner Fauxpas des zuständigen Kartographen – vielleicht etwas zu tief ins Rumglas geguckt?!

Im Gegensatz zur kahlen Île aux Serpents ist Round Island die interessantere Insel, ein steilwandiges Paradies für Ökologen, die hier seit kurzem eine Forschungsstation betreiben. Auf diesem schroffen, 154 ha großen und isolierten Eiland im Meer wachsen noch die letzten Exemplare der **Hurrikaine-Palme**, der Talipot-Palme [s. S. 54] und die seltene, auf klobigem ›Fuß‹ stehende Flaschenpalme sowie die etwas häufiger vorkommende **Pandanus-Palme**. Vom Aussterben bedrohte weißschwänzige Wasservögel finden hier Plätze zum ungestörten Nisten zwischen den Felsen, endemische Reptilien wie die 1,5 m lange **Keel-scaled Boa** und **Gunther's Gecko** sind weltweit nur noch auf diesem Fleckchen Erde anzutreffen.

Seit 1984 stehen die beiden Eilande unter **Naturschutz** und lediglich Ökologen ist der Zutritt erlaubt – und selbst sie müssen ihre Schuhe vor dem Betreten ausleeren und abklopfen, um nicht etwa fremde Samen auf das empfindliche Biotop einzuschleppen. Doch die Wissenschaftler sind zuversichtlich: Das Ökosystem erholt sich langsam.

Gerichten und Snacks. Hier speisen auch Einheimische.

Chez Roland, L'Auberge des Songes, Royal Road, Péreybère, Tel. 2 62 83 26. Eine angenehme Bar und ein Restaurant mit vorwiegend mauritischen Gerichten.

Hongkong Tower, Arcade Dabee, Royal Road (südl. Hauptstraße), Grand Baie, Tel. 2 63 52 88. Das große Restaurant mit einer winzigen Terrasse im 2. Stock, von der man auf das Meer blickt bietet preiswerte chinesische Küche (Mi–Mo 12–15, 18–22 Uhr).

La Pagoda, Royal Road, Grand Baie, Tel. 2 63 87 33. Das preisgünstige Chinalokal im trubeligen Zentrum serviert auch europäische Gerichte (tgl. 10.30–15, 18–22.30 Uhr).

Kirche am Nordkap – ein hübsches Fleckchen Erde mit Aussicht haben die Erbauer der Kapelle Notre-Dame Auxiliatrice am Cap Malheureux gewählt

Le Capitaine, Grand Baie (nahe der Polizeistation), Tel. 2 63 68 67. Open-Air-Lokal am Meer, vor allem preiswerte Fische und Meeresfrüchte auf einheimische Art zubereitet. Billardtische (Mo–Sa 9.30–24 Uhr).

Phil's Pub, Royal Road, Grand Baie, Tel. 2 63 85 89. Beliebter Inseltreffpunkt: Hier isst man Gegrilltes mit frischen Salaten.

Sunset Café, Sunset Boulevard, Grand Baie, Tel. 2 63 96 02. Café mit kleinen Snacks und Eis, auf der Veranda sitzend lässt sich das muntere Treiben im Jachthafen entspannt beobachten (tgl. 8.30–18.30 Uhr).

10 Coin de Mire und Cap Malheureux

Tragödien am Nordkap und hinduistische Reinigungsbäder.

Auf dem Weg zum Nordkap von Mauritius passiert man den schmalen **Strand** Coin de Mire, wo Tretbootfahrer und Kanuten – Gäste des gleichnamigen Hotels – im flachen Wasser unterwegs sind. Kurz darauf erscheint auf grüner Wiese ein idyllischer **Friedhof** mit vereinzelt liegenden Gräbern. Schön ist der Blick von hier auf das Meer und hinaus zur unbewohnten Insel **Coin de Mire**, die in ihrer Form einer Robbe ähnelt, die ihre Nase aus dem Wasser reckt. Derart eigentümlich geformt, im Osten flach, im Westen aber steil ansteigend und dann abrupt abbrechend in einer 163 m hohen Steilküste, liegt das Eiland etwa 4 km vor der mauritischen Küste. Ausflügler im Katamaran nehmen diese markante Silhouette tagtäglich ins Visier ihrer Kameras.

Wieder auf dem Festland, taucht hinter einer Kurve alsbald die kleine hübsche Kapelle **Notre-Dame Auxiliatrice** auf. Mit ihrem knallroten, tief heruntergezogenen Satteldach, dem kecken Giebel- und dem frei stehenden Glockentürmchen ist auch sie ein beliebtes Fotomotiv. Nun ist die einst so berüchtigte Inselspitze erreicht, das **Cap Malheureux**. Nicht wenige Schiffe kollidierten hier mit dem Riff und sanken. Historisch belegt ist ein Vorfall aus dem Jahr 1810. Hier, an der nördlichsten Spitze von Mauritius, landeten die Engländer am 2. Dezember nach mehrtägiger erbitterter Seeschlacht gegen die Franzosen, um in den Besitz der Insel zu kommen. Nur einen Tag später mussten die Franzosen den Kapitulationsvertrag unterschreiben.

TOP TIPP

Heute herrscht am Kap träge Ruhe, besonders am frühen Morgen. Der kleine schmale Streifen Sand vor der malerischen Kirche ist Privatbesitz, einige Fischer hämmern an ihren Kähnen, zwei Muschelverkäufer versuchen ihr Glück mit den ersten Touristen auf Erkundungsrundfahrt.

Bei der Weiterfahrt über die **Anse la Raie** bietet sich ein Stopp am *Pointe Madras* an. In der weit geschwungenen Bucht rauscht der Wind durch die Kasuarinen und lässt die Fischerboote auf den Wellen tanzen. Einige Fischer ziehen am Abend ihre Netze hinter sich her durch das seichte Wasser. Am westlichen Ende leuchten die weißen Villen des *Paradise Cove Hotels*. In der östlichen Ecke der Bucht steht ein kleiner, dem Elefantengott Ganesh und Vatergott Shiva gewidmeter *Schrein* – bunte Gestalten der hinduistischen Mythologie bevölkern das pagodenförmige Dach, während am Boden zwei plastische, mehrarmige Figuren mit eigenartigen Kopfbedeckungen – Mitren ähnlich – die Blicke auf sich ziehen. Dieser hübsche Platz scheint wie geschaffen für Andachten!

An hinduistischen Feiertagen wie dem *Maha-Shivaratree-Fest* im Februar/März versammeln sich hier viele Gläubige. Doch die meisten kommen zu *Ganga Asnan* im Oktober/November ans Meer: Das Fest dient dem Gedenken des heiligen indischen Flusses Ganges und seines göttlichen Ursprungs. Die Fluten des Ganges geben den Hindus aus aller Welt bekanntlich die Möglichkeit, sich von ihren Sünden rein zu waschen. Doch dazu müssen die Mauritier nicht unbedingt nach Indien pilgern: Da der Ganges im Indischen Ozean mündet und sein Wasser somit auch die Küste von Mauritius umspült, strömen die mauritischen Hindus zu Tausenden an ihre eigene Landesküste. Die Gläubigen nehmen hier ein reinigendes Bad, sprechen Gebete und übergeben kleine Opfergaben und bunte *Kanwar*-Gestelle dem offenen Meer und den Göttern – um so auf deren Segen zu hoffen [s. S. 93].

Malerischer Platz für die Andacht – Hindu-Schrein an der Bucht Anse la Raie

Praktische Hinweise

Hotels

Coin de Mire, Royal Road, Bain Bœuf, Tel. 2 66 97 00, Fax 2 66 97 97, www.coindemire-hotel.com. Ruhiges Haus mit 75 Zimmern (teils mit Ventilator), zwei Pools. Jenseits der Straße liegt ein schmaler Strand mit Wassersportmöglichkeiten.

Kuxville, Cap Malheureux, Tel. 2 62 88 36, Fax 2 62 74 07, www.kuxville.de. Apartments und unterschiedlich große Strandvillen sowie Bungalows (mit Haushälterin). Einige liegen am Strand, der mit Lavagestein durchsetzt ist, einige jenseits der Küstenstraße. Mit Tauchschule.

Marina Resort, Coastal Road, Anse la Raie, Tel. 2 66 97 00, Fax 2 66 97 97, www.veranda-resorts.com. Reizvolles, abgelegenes Strandhotel, auch mit Bungalows. Großer Pool und Tennisplatz.

Paradise Cove, Anse la Raie, Tel. 2 04 40 00, Fax 2 04 40 40, www.paradisecovehotel.com. Nobles und intimes Etablissement der Meridien-Kette. Schneeweiße zweistöckige Villas liegen um eine Minilagune, hinzu kommen kleine private Strände in Felsbuchten.

Restaurant

Kanaco, Royal Road (nahe dem Friedhof), Cap Malheureux, Tel. 2 62 83 78. Familiäres Lokal mit kreolischer Hausmannskost.

11 Goodlands und Poudre d'Or

Zuckerrohr, Seefahrer und Piraten.

Die Fahrt führt weiter gen Süden, teils an der Küste entlang, teils durch Zuckerrohrfelder nach **Grand Gaube**, das sich als winziger Fischerort an einer fast kreisrunden Bucht entpuppt: mit einem Hindu-Tempel mitten im Zuckerrohrfeld und zwei Hotels für Urlauber, die Ruhe statt Trubel suchen. Im Dorf kann man den Pirogue-Schiffsbauern in der Werkstatt nahe der Kirche über die Schulter schauen.

Die Straße ins Landesinnere zieht sanft auf und ab schwingend durch weite **Zuckerrohrplantagen** Richtung Goodlands, dem größten Ort des Nordens. An den immer wieder auftauchenden Überresten von Kaminen einstiger Zuckerrohrfabriken lässt sich erkennen, wie ausgeprägt dieser Wirtschaftszweig hier im Norden der Insel einst war – und noch immer ist: Anders als auf der übrigen Inselfläche ist der Norden weithin flach bis hügelig (bis hin zu den Nicolière-Bergen, tief im Landesinneren, vgl. Nr. 13)

Ende mit Schrecken im Jahr 1800 – Robert Surcouf und seine Mannen entern den englischen Dreimaster ›Kent‹

Berüchtigte Piraten und sagenhafte Schätze

»Mein Schatz gehört dem, der dies versteht.« Kurz bevor der berüchtigte Pirat Olivier le Vasseur, genannt **›La Buse‹** (der Bussard), am 7. Juli 1730 auf der Insel Bourbon (Réunion) gehängt wird, wirft er mit diesen Worten einen Zettel in die Menge, die vor dem Schafott auf seine Hinrichtung wartet. So sagt es jedenfalls die Legende. Der Schatzplan gelangte später in die Hände des Korsaren Bernardin Nageon de L'Estang, **›Le Butin‹**, und in dessen Hauptquartier auf Mauritius, wo auch er seine Schatztruhen vergraben haben soll – in Briefen verriet er die Orte: Vieux Grand Port und Vacoas …

Der Indische Ozean wimmelte zu jener Zeit vor Seeräubern, die sich ab 1710 auch auf Mauritius ansiedelten. Ihr Hauptstützpunkt war jedoch **Madagaskar**, wo sie mit Libertalia eine eigene Freibeuterrepublik ausgerufen hatten. Sie lauerten vor allem den britischen Schiffen auf deren Indienroute auf und stahlen die kostbare Fracht: edle Seide, Gewürze und Gold. Die Bewohner von **Mauritius** (damals: Île de France) waren durch das lukrative Freibeutertum durchaus zu angesehenen Handelsleuten geworden, vor allem die Amerikaner kamen den weiten Weg über den Atlantischen Ozean, um das Diebesgut zu erstehen. Die Mauritier nannten sich verharmlosend **Corsaires** (Korsaren) und bedienten sich eines Freibriefs der französischen Regierung, der ihnen den Status von Kriegsführern gegen das englische Königreich verlieh. Einer der erfolgreichsten mauritischen Korsaren war **Robert Surcouf**, der Schrecken der englischen Kapitäne. Etwa 50 Schiffe hatten der ›König der Korsaren‹ und seine Mannen gekapert. Die britische East India Company hatte sogar ein hohes Kopfgeld auf ihn ausgesetzt, doch der Seeräuber starb 1827 als vermögender Reeder in St. Malo eines natürlichen Todes.

Lange Zeit grassierte auf Mauritius das **Schatzfieber** unter den Nachfahren. Früher traf man sich bei Séancen, um die Toten nach der Lage der Verstecke zu befragen, im 20. Jh. beschäftigten sich Archäologen ernsthaft mit dem Thema: Die Wissenschaftler versuchten, die Briefe und Karten zu entziffern, und gruben an diversen vermuteten Schatzplätzen, wie der **Baie du Tombeau** im Nordwesten, bei **Trou d'Eau Douce** (Ostküste) sowie bei **Tamarin** und **Petite Rivière Noire** im Südwesten.

Im Gebiet um Poudre d'Or sollen übrigens noch weitere Kostbarkeiten aus dem La Buse-Schatz vergraben sein …

und daher für den Anbau dieser Nutzpflanze bestens geeignet. Während der Zuckerrohrblüte ab Mai sieht der Reisende im Auto manchmal nur noch haushohe grüne Pflanzenwände – bekrönt von silbergrauen Büscheln –, durch die man wie in einem Tunnel steuert und sich nicht selten verfährt. Die ältesten und damit bekanntesten Zuckerrohrplantagen auf Mauritius liegen um Belle Vue Harel beim nahe gelegenen Ort Mapou und Mon Loisir bei Belle Vue Maurel.

Im indisch geprägten Städtchen **Goodlands**, das von der Küste 4 km entfernt liegt, besuchen täglich bis zu 100 Urlauber die größte Modellschifffabrik des Landes, **Historic Marine** (Mo–Fr 8.30–17 Uhr, Shop zusätzlich Sa/So 8.30–12 Uhr; Tel. 283 93 04, www.historic-marine.com). Ihre Ausstellung historischer Windjammer und Schoner wirkt in der Tat überaus anziehend, denn wer wollte nicht schon immer einmal eintauchen in die Welt von Piraten und Entdeckern – und sei es auch im eher nüchternen Ambiente einer Werkstatt.

Die 1982 gegründete Firma erhält Bestellungen aus aller Welt. Aus importiertem **Teakholz** und **Mahagoni** zaubern die 125 Angestellten in mühsamer Kleinarbeit nach **Originalplänen** die Modelle – Kriegsschiffe aus dem 19. Jh., wie die ›U. S. Constitution‹ aus dem Englisch-Französischen Krieg (1812–14), oder den Raddampfer ›Mississippi‹, die ›Saint Géran‹, die vor Mauritius sank, die ›Red Dragon-Dschunke‹ aus dem Südchinesischen Meer, die majestätische ›Wasa‹ aus Schweden, den italienischen Trainingsschoner ›Amerigo Vespucci‹, Captain Blighs legendären Dreimaster ›Bounty‹, der von den Meuterern 1789 in der Südsee in Brand gesetzt wurde, und, nicht zu vergessen, Captain Cooks ›Endeavour‹. Auch deutsche Seefahrer und Möchtegernkapitäne kommen auf ihre Kosten: Ausgestellt sind die ›Gorch Fock‹ sowie die aus dem 17. Jh. stammenden Schoner ›Wappen von Hamburg‹ und ›Berlin‹. Besonders elaborierte Modelle sind die prächtige ›Sovereign of the Seas‹ der britischen Flotte, eines der ältesten Segelschiffe aus dem 17. Jh., und die französische ›Royal Louis‹ mit 120 Kanonen an Bord.

Man beachte die aufwendigen Bronzearbeiten an diesen Miniaturschiffen, die Wappen, Kanonen, Bugfiguren, die Besegelung und Vertäuung – alles detailgetreu bis ins Kleinste modelliert und fabriziert. Bis zu fünf Monate Arbeit steckt in den kleinen, nicht gerade billigen Kunstwerken, die man hier auch erwerben kann.

Windjammer und Schoner unter gläsernem Sturz – Historic Marine in Goodlands

Ein Katalog ist im Büro zu erhalten. Die Preise liegen durchweg höher als bei den in Mauritius allerorten angebotenen Modellschiffen – doch ein Blick auf diese Meisterwerke, insbesondere die qualitätvollen Details, überzeugt. Die Schiffe werden auf Wunsch in Holzkisten verstaut und an die Heimatadresse geschickt bzw. für die Flugreise sicher verpackt. Weitere

Über die Schulter geschaut – filigran ist die Arbeit der Modellschiffbauer in der Historic Marine

empfehlenswerte Werkstätten befinden sich in Curepipe [Nr. 35] und Pamplemousses.

Wer in der Historic Marine nun Feuer gefangen hat für die Geschichte alter Seemänner, Haudegen und Piraten, der sollte auch einen kurzen Abstecher ins nahe gelegene (6 km) **Poudre d'Or** machen. Das Dorf an der Nordostküste taucht in historischen Dokumenten der Staatsarchive wie auch in Legenden als mögliches Versteck für *Piratenschätze* auf. Kein Wunder, lautet der Name des Ortes übersetzt doch ›Goldstaub‹! In den 1950er-Jahren stolperte ein Bauer bei *Belmont*, etwas nördlich von Poudre d'Or, über einen Koffer voller Goldmünzen. Seitdem graben und tauchen hier und auf der vorgelagerten *Île d'Ambre* Expeditionsgruppen aus aller Welt nach Preziosen: Dabei kamen vor etwa 40 Jahren zwar das Wrack der ›Saint Géran‹ [s. S. 74] und ein paar Münzen zutage, aber das war's dann auch schon mit den Schätzen. Vielleicht bezieht sich Poudre d'Ors verheißungsvoller Name ja doch nur auf die Farbe des hiesigen *Strandes*. Von den Bänken am *Denkmal* für die 1744 vor der Küste gesunkene ›Saint Géran‹ aus kann der Reisende den Meerblick genießen und noch ein bisschen im Schatzfieber schwelgen – oder selbst Pläne zur Schatzsuche schmieden.

i Praktische Hinweise

Hotel

Legends, Pointe Réjane, Grand Gaube, Tel. 2 04 91 91, Fax 2 88 28 28, www.naiade.com. Nach einem Umbau zum 4-Sterne-Hotel entsprechend dem chinesischen Feng Shui-Prinzip empfängt das ehem. Grand Gaube-Hotel seine Gäste in 200 Zimmern, Suiten und einer Präsidenten-Villa mit viel Holz, Stroh, Stein und Metall. Sogar Wasserbetten gibt es! Thalasso-Spa, Pool, Privatstrand in einer hübschen Bucht.

12 Pamplemousses

Den Botanischen Garten sollte kein Mauritiusurlauber versäumen – ein Garten Eden mit exotischer Farbenpracht, weltberühmt und artenreich.

Auf ins Mekka für Naturliebhaber! Pamplemousses, rund 12 km nordöstlich der Hauptstadt gelegen, ist ein Muss für jeden Inselbesucher, denn der **Sir Seewoosagur Ramgoolam Botanic Garden Pamplemousses** (tgl. 8.30–17.30 Uhr) ist eine der touristischen Hauptattraktionen der Insel – und das zu Recht. In dem herrlichen Park an der zentralen Mapou Road wandelt der Besucher

Top Tipp

Kunstvolle Zier in Pamplemousses – das schmiedeeiserne Eingangstor des Botanischen Gartens ist eine Sehenswürdigkeit für sich

Victoria regia in Pamplemousses – viel bestaunt und immer wieder fotografiert werden die wagenradgroßen Riesenblätter der Wasserlilien im Botanischen Garten

auf schnurgeraden Palmenalleen, auf Spazierwegen vorbei an Fischteichen oder auf verschlungenen Pfaden unter Banyantrees mit faszinierendem Luftwurzelgeflecht. Die *Rivière Citron* und Kanäle schlängeln sich durch das üppig grüne Areal, wo kleine Pavillons und Bänke zur Rast einladen. Beste Besuchszeit ist wegen der größten Pflanzenpracht zwischen Dezember und April.

Geschichte Der Ort Pamplemousses und sein Park entstanden im 18. Jh., als sich der Gouverneur **Mahé de Labourdonnais** hier 1735/36 seinen Landsitz Chateau de Mon Plaisir mitsamt Gemüsegarten anlegen ließ. Der Garten wurde im Laufe der Jahre erweitert, zunächst ergänzt durch importierte (medizinische) Kräuter und Gewächse aus Europa und Asien, mit denen schließlich sogar die Krankenhäuser und französischen Handelsschiffe versorgt wurden. Mit dem Anbau von **Orchideen** für den Export nach Europa und vor allem von exotischen **Gewürzen** von den Molukken – wie Muskatnuss, Gewürznelke und Pfeffer – mündete das ursprünglich botanische Interesse an der Gartenanlage vollends in wirtschaftspolitisches Handeln, denn auf diesem Wege sollte das damalige Gewürzmonopol der Holländer gebrochen werden. Ehrgeiziger Initiator dieses Projekts war ab 1768 *Pierre Poivre*, der Nachfolger Labourdonnais'. Von Pamplemousses aus brachte man die Gewürznelke ab 1818 nach Sansibar, das heute zu den führenden Exportländern zählt. Auch mit **Zuckerrohr** wurde in Pamplemousses experimentiert, dazu importierten die Mauritier im 19. Jh. verschiedene Arten aus Australien, Java, Trinidad und Guyana.

1988 erhielt der Royal Botanic Garden den Namen Sir Seewoosagur Ramgoolam (SSR), zur Erinnerung an den ›Vater der Unabhängigkeit‹, den ersten Ministerpräsidenten von Mauritius, dessen Leichnam im Park in einer feierlichen Zeremonie verbrannt wurde.

Besichtigung 600 Pflanzenarten aus aller Welt, sogar aus dem Amazonasbecken, wurden auf dem 37 ha großen Gelände zusammengetragen. Allein die Vielzahl der verschiedenen **Palmenarten** beeindruckt: wuschlige und majestätische, kerzengerade und dickbauchige, spindeldürre und spiralförmige, fächerartige, gelockte und natürlich Kokosnuss und Betelnuss tragende. Ein Fünftel der Pflanzen ist endemisch, d. h. nur auf Mauritius zu finden. Sogar bis zu 300 Jahre alte Bäume sind in dem ›ältesten Botanischen Garten der südlichen Hemisphäre‹

beheimatet, ebenso Gewächse, die vom Aussterben bedroht sind oder waren, wie die mauritischen Ebenholzbäume.

Und erst die Fotomotive! Um die besten zu finden, braucht man weder Karte noch Führer: Wo ganze Reisegruppen verzückt in einer Reihe stehen und um die Wette knipsen, dort sind die botanischen Stars von Pamplemousses zu finden – der **Lotosteich** mit seinen mannshohen weißen oder rosafarbigen Blüten und nebenan die **Wasserlilien** vom Amazonas *(Victoria regia)* mit ihren gigantischen kreisrunden Blättern, die am Rand tablettförmig aufgebogen sind. Glück braucht man bei der exzentrischen **Talipot-Palme**, denn sie entfaltet im Alter von 30 bis 40 Jahren nur ein einziges Mal ihr prachtvolles Blütenwerk mit Millionen gelber Blütenblätter, danach stirbt sie ab.

Dem Parkbesucher wird jedoch nicht nur Augenschmaus geboten, auch die Nase kommt auf ihre Kosten. Die Führer zeigen nämlich wohlriechende Blätter, Hölzer und Wurzeln wie Zitrone, Eukalyptus, Ingwer und Zimt.

Die weiße **Kolonialvilla** mit einer sehr feingliedrig umlaufenden, doppelstöckigen Veranda – ein Nachbau des Labourdonnais-Landsitzes aus dem Jahr 1850 – dient heute als Sitz des Parkdirektors. Ab und zu wird hier alles auf Hochglanz gewienert, wenn ein hoher Staatsgast in den historischen Gemächern empfangen wird. Wie einst die englische Prinzessin Margaret, die 1956 im botanischen Garten einen Guavenbaum ins Erdreich setzte, oder Indira Gandhi, die 1970 eigenhändig einen Bois d'Olive *(Elaeondron oriental)* gepflanzt hat, oder wie Nelson Mandela, der dem Park ein Ebenholzbäumchen vermachte.

Botanische Schatzkammer Pamplemousses – Lotos sprießt hier opulent und hoch

Indira Gandhi wurde obendrein ein Weg gewidmet. Folgt man jenem, so kommt man bald zu einer alten restaurierten **Zuckermühle**, eine Reminiszenz an die erste Zuckermühle landesweit, die in Pamplemousses stand. Man passiert auch Gehege mit **Riesenschildkröten** und **Java-Wild** sowie **Denkmäler** zu Ehren wichtiger Persönlichkeiten, darunter natürlich auch ›Paul und Virginie‹. Die nach den beiden Romanfiguren benannte Avenue führt zurück zum Eingang.

Kirche und Friedhof

Man verlässt den Botanischen Garten durch eine elegante schmiedeeiserne **Toranlage** des 19. Jh. Die Verschlingungen, Kräuselungen, Windungen und Verdrehungen der strahlend weißen Gitter wirken höchst artifiziell und erinnern an Spitzenklöppelei. Wieder ein wunderbares Fotomotiv – zum Abschied.

Dem Tor gegenüber steht die zweitälteste Kirche von Mauritius, die römisch-katholische **St. François d'Assisi**. Das Gotteshaus aus groben Felsquadern mit stumpfem Glockenturm über dem Rundbogengiebel soll 1756 auf Geheiß des Grafen Labourdonnais errichtet worden sein. Innen beeindruckt ausschließlich der offene Dachstuhl. Der benachbarte **Friedhof** birgt einige uralte Gräber und Mausoleen von bekannten mauritischen Persönlichkeiten. Ihre letzte Ruhe fanden hier beispielsweise der Gouverneur René Magon (1778), der Abt Buonavita (Geistlicher von Napoleon auf Elba) sowie Madame Adolphe Autard de Bragard (geb. Emmeline de Carcenac, die Charles Baudelaire in seinem Werk ›Une Dame Creole‹ verewigte). Als die erst 39-Jährige auf See umkam, ließ die Familie sie nach alter Tradition bestatten – der Körper wurde einbalsamiert, das Herz in ein Ebenholzkästchen gelegt …

In der historischen Zuckerfabrik von Beau Plan können Groß und Klein im **Zuckermuseum ›L'Aventure du Sucre‹** (tgl. 9–18 Uhr) die Geschichte des Zuckers und der Zuckerproduktion von damals bis heute erleben – audiovisuell und an originalen Einrichtungen wie Kessel, Bottiche, Mahlwerke, Zerkleinerungsmaschinen und Waagen. Ein Restaurant und ein Shop gehören zum Museum.

Kolonialvilla im Dornröschenschlaf – Château de Villebague, der Wochenendsitz des Gouverneurs Labourdonnais, liegt versteckt in einem üppigen Garten

13 La Nicolière

Lohnende Ausflugsziele: Kolonialvilla, Stausee und die höchste Bergkette im Norden.

Fernab jeglichen Urlaubertrubels versteckt sich mit La Nicolière ein schönes Ausflugsgebiet im Zentrum der Nordhälfte von Mauritius. Dieses mehr als 5 Mio. m^3 fassende Wasserreservoir ist 1929 angelegt worden.

Der Weg ist allerdings etwas schwierig zu finden. Von Pamplemousses folgt man zunächst der A 2 in südöstlicher Richtung bis **Grande Rosalie**, wo ein kurzer Zwischenstopp ratsam ist. Denn verborgen hinter hohen Hecken und Bäumen (Zufahrt über Old Flacq Street) liegt hier eine schöne alte Kolonialvilla mit Ecktürmen, das **Château de Villebague** (von den Einwohnern auch Villa Rosalie genannt). Der Gouverneur Labourdonnais, der die Zuckerrohrplantagen von Ferney und Villebague gründete, zog sich an den Wochenenden aus dem stickig-heißen und mückenverseuchten Port Louis auf dieses Anwesen zurück. Das zweistöckige Schmuckstück aus der Mitte des 18. Jh. gehört heute Frankomauritiern und steht derzeit leer. Von der einstigen Zuckerfabrik blieb nur der Schornstein erhalten.

Weiter geht die Fahrt gen Süden Richtung **La Nicolière**, doch aufgepasst: Das winzige verrostete Straßenschild auf der A 2 ist nur in Richtung Westküste zu sehen – das idyllische Plätzchen hat sich offenbar noch nicht als Touristenattraktion herumgesprochen. Aus Richtung Westen und Pamplemousses kommend sollte man beim Anblick der rechter Hand in einer Reihe wachsenden Palmen bald rechts auf die kleine Asphaltstraße abbiegen, kurz vor dem Örtchen Villebague.

Durch weite Zuckerrohrfelder gelangt man danach über einen Damm ans Ufer des **Stausees**. Von hier aus reicht der **Blick** von einer leichten Anhöhe bis zur Westküste, wo das Korallenriff als weiße Trennlinie zwischen dem Türkis der Lagune und dem Tiefblau des Ozeans zu erkennen ist. Dazwischen ein Meer aus allen nur denkbaren Grüntönen – Zuckerrohr, Bambus und Palmen wachsen bis hinunter zur Küste. Wer auf dem kleinen Parkplatz am See Rast macht, kommt sofort mit den Anglern ins Gespräch, sieht die Fische im Stausee übers Wasser ›fliegen‹ oder kann ein bisschen entlang des Kanals spazieren gehen.

Auf der Weiterfahrt mäandert die Landstraße über den Rücken der durchweg 400 m hohen Nicolière-Berge – vorbei an gelb blühenden Alamanda-Bäumen und mit immer wieder fantastischem Panorama über die Nordhälfte von Mauritius.

Die Ostküste – Meeresrauschen, Megaluxus und Marschrouten durch die Bergwelt

Eine atemberaubende **Küstenstraße** schlängelt sich haarscharf an der Ostseite der Insel entlang. Hier warten Hindu-Schreine am Strand, Moscheen empfangen die Gläubigen zu Füßen bizarrer **Bergriesen**, charmante Fischerdörfer beeindrucken in sanft geschwungenen **Sichelbuchten**. Diese malerische Gegend hatte es auch schon den Holländern angetan, lange bevor die **Weltklassehotels** hier ihre Gäste mit dem unvergleichlichen Service à la mauricienne verwöhnten: An der Ostküste bei **Vieux Grand Port** ließen sich ab 1598 die ersten holländischen Siedler nieder. Doch leider sind dort heute kaum noch Spuren der einstigen Besiedlung erhalten, mit Ausnahme von ein paar Wachtürmen und Mauerresten. Umso mehr lohnt sich ein Besuch im Marinemuseum von **Mahébourg**, wo Seeschlachten mittels Kanonen, Waffen, Kostümen und auf Gemälden in die Gegenwart zurückgeholt werden und Piraten wie von den Toten auferstanden erscheinen.

Eine Hinterlassenschaft der Franzosen ist allerdings noch heute unübersehbar: Hier wachsen zwar kaum mehr Ebenholzwälder – schon die Holländer hatten sie gelichtet –, dafür gibt es jede Menge **Zuckerrohr**. Für die widerstandsfähige Kulturpflanze wurden die Tropenwälder von den Kolonisatoren fast vollständig abgeholzt. Wer sich ein Bild von der ursprünglichen Flora und Fauna auf Mauritius vor diesem Kahlschlag machen möchte, sollte einen Abstecher ins Naturschutzgebiet **Domaine du Chasseur** (Domaine des Grands Bois) oder auf die **Île aux Aigrettes** unternehmen.

14 Belle Mare Plage

TOP TIPP *Luxushotels und puderweißer Strand am laufenden Band.*

Am Küstenabschnitt der Peninsula Pointe de Flacq (Hotel Saint Géran) beginnt eine der landschaftlich schönsten Gegenden von Mauritius. Kein Wunder, dass am ca. 6 km langen Strand bei Belle Mare die **Spitzenhotels** der Welt um die Gunst der Urlauber werben, etwa das mehrmals zum weltbesten Hotel gekrönte *Saint Géran*, das luxuriöse *Belle Mare Plage*, das nagelneue *Beau Rivage* oder auch das *Touessrok* mit seiner traumhaften Lage bei Trou d'Eau Douce [Nr. 15]. Hier werden jegliche Wünsche nach (Wasser-)Sport, kulinarischen Genüssen oder abendlichem Entertainment erfüllt. Nachts flackern die Lagerfeuer der Sega-Shows an einigen Hotelstränden. Doch noch ist zum Glück jede Menge Platz zwischen den Nobelherbergen, sodass Strandläufer immer noch allein mit den Krebsen um die Wette laufen.

Den Mauritiern scheint es bislang (noch) nichts auszumachen, dass ihre **Paradestrände** von Ausländern mit zum Teil sehr knappen Badeoutfits und Luftmatratzen besetzt werden – es bringt ja

◁ **Oben:** *Traumkulisse am Belle Mare Plage – golden versinkt die Sonne im Indischen Ozean hinter den Palmen des luxuriösen Hotels Beau Rivage*
Unten: *Berg und Zucker – von Zuckerrohrfeldern gesäumt erhebt sich an der Ostküste die eigenwillig geformte Montagne du Lion*

Am Pool des Tophotels – ein nobles Urlaubsbiotop

Luxus ohne Ende – Le Saint Géran

TOP TIPP

Baden in Badesalz oder Badeöl? Der Aufenthalt im **Le Saint Géran** stellt den Urlauber vor ungeahnte (Entscheidungs-) Probleme. Oder doch vielleicht lieber duschen mit fünf verschiedenen Duschstärken – von harter Nadelspitzenmassage bis zum sanften Wasserfallplätschern? Man kann sich auch auf die Marmorbank in der Duschkabine setzen und darüber sinnieren. Das Badezimmer – ach was, der **Badesaal**! – ist ein Traum aus Marmor, Terrakotta und edlem Teak mit Wandfresken, alles im passenden Muscheldesign. Das Saint Géran bietet nicht nur in der Juniorsuite **Perfektion** bis in die kleinsten Details.

Die Qual der Wahl hat der Gast in diesem Luxushotel alle paar Minuten. Beim **Frühstück** steht der Hungrige quälende fünf Minuten vor der Theke mit den Marmeladen: Babyananas- oder Passionsfrucht-, Mango- oder Litchi-Konfitüre? Zweifellos, kein Ort für ein schnelles Frühstück. 500 Angestellte wuseln um die Gäste, der **Service** ist legendär: Ist der Regenschirm nicht im begehbaren Schrank, streikt der Anrufbeantworter oder will man über das TV-Gerät eine E-Mail nach Hause schicken? Kein Problem, der Butler kommt auf Knopfdruck. Viele Angestellte lernen **Deutsch** auf der hauseigenen Schule, denn immerhin ein Drittel der Gäste kommt aus Deutschland, viele als Stammgäste.

Die inzwischen über 25-jährige und 1999 frisch geliftete **›Grande Dame of Mauritius‹** liegt auf einer malerischen Landzunge der Ostküste fast vollkommen unsichtbar unter einem Palmenmeer. Sage und schreibe 5000 Palmen ließ der Landschaftsarchitekt hier um die Häuschen im Kolonialstil pflanzen. Damit nicht genug – Frösche quaken an kleinen Kaskaden in dschungelig wuchernden Tälern, üppig blühende Hibiskus, Bougainvillea und Frangipani verströmen exotische Wohlgerüche. Das Gelände ist auf geheimnisvolle Weise so perfekt angelegt, dass die Wege zwischen Suiten und Restaurants, Stränden, Bootshaus, Shops, Golfplatz und Fitnessklub nicht allzu weit sind.

Nicht nur das Hotel ist mehrfach als weltbestes Resort geadelt worden, auch die Cuisine der drei **Restaurants** hat so viele internationale Preise gewonnen, dass manch ein Gast mit Ehrfurcht auf die

auch Arbeitsplätze –, und so suchen sie sich Nischen, die es offenbar immer noch in ausreichender Zahl gibt und wo sie fast unter sich bleiben: etwa die fabelhaften nördlich gelegenen Strände bei *Roches Noires* und *Poste Lafayette*.

Auch am **öffentlichen Strand** von Belle Mare herrscht am Wochenende reges Treiben, man trägt Shorts oder Sari. Die Wiese unter den Kasuarinen ist mit riesigen Zelten bebaut, ganze Großfamilien mit Oma, Kind und Kegel entsteigen den Lastern und Bussen, voll bepackt mit Cola-Kisten, Plastikstühlen und Kühltaschen. Eine Familie hat sich auf einer kleinen felsigen Landzunge an einem Betonschrein mit roten Fahnen zum Gebet versammelt: Sie opfern den Hindu-Figuren und dem Shiva-Lingam Bananen und Kokosnüsse. Dahinter erstrecken sich weitere Sandbuchten mit palmwedelgedeckten Sonnenschirmen und Fischerbooten, wo türkis schimmerndes Wasser träge an den schneeweißen Strand schwappt.

›Rosenberghiis‹ schaut und sich kaum traut, den tellergroßen Riesengarnelen den Hals zu brechen. Beim Dinner im **›Paul et Virginie‹** zieht die frische Meeresbrise durch das romantische Ambiente über der Lagune und mischt sich mit dem würzigen Duft von handgemachtem Nan-Brot aus dem Tandoori-Ofen. Jaspalsingh, einer von 80 Köchen, demonstriert mit Turban und weißer Schürze, wie der Fladenteig gegen die Wände des runden Steinofens geschleudert wird und dort weiterbrutzelt.

Abends sinkt der umsorgte Gast nach der Massage im **Givenchy-Spa-Center** – dem zweiten weltweit nach Palm Springs – auf die Chaiselongue seiner Gartenterrasse, für den Besuch im Kasino ist keine Kraft mehr vorhanden. So viel Luxus strengt an! Der Indische Ozean brandet in der Ferne gegen das Korallenriff, Eiswürfel klimpern im Martiniglas. Die Auswahl an Schokoladensnacks in der Minibar ist größer als im Supermarkt zu Hause. Unauffällig spazieren derweil die **Security-Männer** im Safarilook durch den Garten. Schließlich sollen sich hier illustre Gäste aus aller Welt wohl und sicher fühlen, darunter Prinzessin Caroline von Monaco, Michael Schumacher oder Catherine Deneuve. Natürlich gibt es für die Stars und Sternchen eine eigene Villa – eine Art **Hotel im Hotel** mit eigenem Restaurant, Pool und eigenen Angestellten. Privacy, die sich manch ein Weltstar und Staatsoberhaupt 6500 € pro Nacht kosten lässt …

Le Saint Géran, Belle Mare,
Tel. 4 01 16 88, Fax 4 01 16 68,
www.oneandonlysaintgeran.com,
Tel. in Deutschland: 0 61 71/6 36 00,
Fax 0 61 71/63 60 90

Hinduistischer Götterreigen

Ein kleiner, sehenswerter Hindu-Tempel ragt weiter nördlich an der **Pointe d'Esny** auf – in reizvoller Lage auf einer Landzunge direkt gegenüber der Lagune des Hotels Le Saint Géran. Man erreicht ihn entweder über einen Damm oder, schneller, mit dem Motorboot vom Saint Géran aus. Der strahlend weiße, prächtige **Kashinath Mandir** erinnert mit seinen vielen Bögen, Kringeln und Stelzen an eine dreistöckige Hochzeitstorte mit tulpenförmiger Kuppel. Zahllose Bildnisse und Figuren der hinduistischen Götterfamilie – alle in farbenprächtiger Kleidung – lassen sich hier in aller Ruhe bewundern. In den kleinen überdachten Schreinen vor dem Tempel sieht man Shivas Reittier *Nandi*, den Affengott und General *Hanuman* in heldenhafter Pose und die vierarmige Göttin *Lakshmi*, zuständig für Wohlstand und Glück und zugleich Gattin von *Vishnu*, dem höchsten aller Hindu-Götter und Welterhalter. Innen empfangen das Gottespaar *Shiva* und *Parvati* und ein kleiner *Ganesh* die Gläubigen, die am *Lingam* in der Mitte Bananen, Kokosnüsse, Rosen und Münzen als Opfergaben niederlegen. Beim Rundgang scheint die gesamte restliche Götterwelt versammelt: *Krishna*, *Rama* und *Sita* sowie die Furcht erregende *Durga*, eine der vielen Erscheinungsformen von Parvati bzw. Kali. Zum *Maha-Shivaratree-Fest* lassen die Hindus hier festlich geschmückte Bambusgestelle *(Kanwars)* zu Wasser, um Shiva zu ehren und gnädig zu stimmen.

Juwelen und Zucker

Das Städtchen **Centre de Flacq** (4 km landeinwärts) eignet sich gut zum Einkaufsbummel, sei es in der *Markthalle* (Mi und So geöffnet) oder im modernen Einkaufszentrum namens *Virginie*. Die betuchte Klientel der Luxushotels an der Ostküste bei Belle Mare hat einige exklusive Läden und Kunsthandwerker hierher gezogen, z. B. den *Juwelier Matikola* in der Market Road.

Üppiger Zuckerbäckerstil – Hindu-Tempel Kashinath Mandir an der Pointe d'Esny

Eine Viertelstunde Autofahrt von Centre de Flacq entfernt liegt im Südwesten **FUEL** (Flacq Union of Estates Limited, Tel. 4 02 33 00, Besichtigung Juni/Juli bis Nov. Mo, Mi, Fr ab 16.30 Uhr), die größte Zuckerfabrik der Insel. Manch einer hält die gigantische Anlage gar für die weltgrößte. Die Bagasse, die bei der Zuckerherstellung als Nebenprodukt anfällt, wird als Brennstoff benutzt und so versorgt sich die Fabrik selbst mit Strom.

Süßes Exportgut – Zuckerrohr

Im mauritischen Winter, zwischen Juni und November, ist fast die Hälfte der Insel von blühenden **Zuckerrohrfeldern** bedeckt. Es soll schon vorgekommen sein, dass Ortsfremde sich im Labyrinth zwischen den bis zu 4 m hohen Pflanzen verirrt haben. Der Farmer sieht an den silbergrauen Federbüscheln, dass die Zeit der **Ernte** naht. Das Schneiden der armdicken Stängel ist immer noch reine Handarbeit – übrigens oftmals Frauensache: Die Arbeiter(innen) stehen **vermummt** mit Hut und Tuch in der sengenden Hitze, vier bis fünf Monate dauert die Saison-Plackerei, möglichst im **Akkord**, denn bezahlt wird nach geernteten Tonnen (ca. 5000 Rs verdient ein Saisonarbeiter).

Die Pflanze wurde bereits **1639** vom holländischen Gouverneur Van der Stel aus der Kolonie Batavia (Java) mit nach Mauritius gebracht und auf der Insel angepflanzt. Ein Jahrhundert später versorgte man dann die Seefahrer mit **Zucker**, später mit dem Nebenprodukt **Arrak**, einem hochprozentigen Zuckerrohrschnaps. Der französische Statthalter Labourdonnais ließ 1743 die ersten Zuckerrohrplantagen mitsamt **Fabriken** errichten: Villebague [s.S.55] und Ferney an der Südostküste. Die Pflanze erwies sich als relativ anspruchslos (Sonne und der felsige Boden reichen ihr) und sie trotzte den häufigen Zyklonen am besten von allen landwirtschaftlichen Anbauprodukten, denn die Stängel richten sich nach Unwettern wieder auf und wachsen weiter.

Nur mit den **Sklaven** gab es immer wieder Ärger. Wegen des massenhaften Bedarfs an Arbeitskräften auf den Plantagen legten sich die mauritischen **Zuckerbarone** sogar mit Napoleon im fernen Paris an; liberale Gesinnung und Menschenrechte (entsprechend der Französischen Revolution 1789) oder gar die Bezahlung der Schinderei pass-

Praktische Hinweise

Wassersport

Le Waterpark Belle Mare, Coastal Road, Belle Mare, Tel. 4 15 26 26. Gigantischer Wasserpark mit Wellenbad, Tunnels, Jacuzzi, Schiffswrack, Piratentreff und Pilzturm, von dem aus gleich drei Rutschen ins blaue Nass führen – ein Riesenspaß für Groß und Klein (Sommer tgl. 10–18, Winter bis 17.30 Uhr).

Hotels

Beau Rivage, Belle Mare, Tel. 4 02 20 00, Fax 4 15 20 20, www.naiade.com. Sündhaft teures und elegantes Etablissement der spanischen Naiade-Kette. Originelle palmstrohgedeckte Häuser um eine herrliche Pool-Landschaft mit mehreren Ebenen und Springbrunnen, nachts romantisch mit Fackeln erleuchtet.

Belle Mare Plage, Poste de Flacq, Tel. 4 02 26 00, Fax 4 02 26 16, www.bellemareplagehotel.com, Tel. in Deutschland: 0 61 96/77 73 80. Hier werden die Gäste schon mal per Helikopter ins wahrlich exklusive Ambiente eingeflogen. Doppelstöckige Häuschen, vier Restaurants, Pool-Landschaft, Superstrand und zwei 18-Loch-Golfplätze – was das Herz begehrt. In einem angegliederten Schönheitsinstitut mit

Arbeit am Handicap – das Hotel Belle Mare Plage lädt zu Golf auf hügeligem Parcours

Handarbeit am Zuckerrohr – das Schlagen und Bündeln der mehrere Meter hoch gewachsenen Pflanzen ist in Mauritius oftmals Frauensache

ten nicht zum Geschäft mit dem Zuckerrohr. Auch unter den Engländern wurde im 19. Jh. der Ausbau der **Zuckerindustrie** weiter vorangetrieben und die Ernteergebnisse wurden innerhalb eines Jahrzehnts verdreifacht. Nach dem Ende der Sklaverei auf Mauritius (die Briten zahlten eine Entschädigung in Höhe von 2 Mio. Pfund an die Zuckerbarone) strömten ab 1835 **indische Vertragsarbeiter** ins Land. Doch der technische Fortschritt machte vor Mauritius nicht Halt, bald ersetzten **Dampfmaschinen** die menschliche Kraft an den Zuckermühlen.

Der Zuckerboom in der Mitte des 19. Jh. fand ein schnelles Ende: Die Konkurrenz der ›Zuckerinsel‹ **Kuba** war enorm und Großbritannien hatte begonnen, selbst den süßen Saft aus Zuckerrüben herzustellen. Der Zuckerpreis auf dem Weltmarkt fiel dramatisch auf die Hälfte des einstigen Preises. Trotzdem blieb Mauritius lange der wichtigste Lieferant an die britische Krone und erlebte sogar in den 1970er-Jahren einen weiteren Boom, der für 90 % der Landeseinnahmen sorgte.

Doch seit 2006 befindet sich die Zuckerindustrie in der Krise: In diesem Jahr begann die EU, Hauptabnehmer des mauritischen Zuckers, keine Garantiepreise mehr für den süßen Rohstoff mehr zu bezahlen, sondern nur noch die viel niedrigeren Weltmarktpreise.

Vom einstigen Reichtum der meist franko-mauritischen Zuckerbarone zeugen deren schmucke Kolonialvillen. Einige restaurierte Zuckermühlen, ein Nachbau in der Domaine Les Pailles sowie die Zuckerfabriken **Belle Vue Harel** (Mapou, Tel. 264 15 31) im Norden und **FUEL Sugar Estate** im Osten (Union Flacq, Tel. 402 33 00) können während der Erntezeit von Juni bis November besichtigt werden. Auch auf den bis zu 1000 ha großen Plantagen werden Besuchern die Produktionsschritte erläutert. Den besten Überlick über Geschichte und Produktion vermittelt das **Zuckermuseum** von Beau Plan [s. S. 54].

Hamam kann man sich pflegen und verwöhnen lassen.

Le Coco Beach, Belle Mare, Tel. 415 10 10, Fax 415 18 88, www.lecocobeach.com, Tel. in Deutschland: 0 61 71/636 00, Fax 0 61 71/63 60 90. Der richtige Platz für Familien: riesiges, knallig buntes Hotel (330 Zimmer und Villas), jede Menge Kinderattraktionen mit Zwei- und Vierbeinern, eben: Fun in the sun!, und alles inklusive. Auch der Reitstall.

Le Saint Géran, Belle Mare, Tel. 401 16 88, Fax 401 16 68, www.oneandonlysaintgeran.com, Tel. in Deutschland:

0 61 71/6 36 00, Fax 0 61 71/63 60 90. Der Himmel auf Erden: die nobelste Herberge der Insel mit Kasino, allem erdenklichen Luxus und überraschend legerer Atmosphäre [s. S. 58].

Le Surcouf, Belle Mare, Palmar (im Süden), Tel. 4 15 18 00, Fax 4 15 18 60. Kleine legere Anlage im Stil eines mauritischen Landhauses mit 25 schönen Zimmern, Garten und Pool.

Maison d'ete, Coastal Road, Poste Lafayette (nördl. von Belle Mare), Tel. 4 10 50 39, Fax 4 10 53 54, www.coralbeachbungalows.com, Tel. in Deutschland: 0 81 52/9 31 90, Fax 0 81 52/93 19 20. Gepflegte Studios zur Selbstverpflegung in Bungalows am langen Strand mit Mini-Pool und Restaurant.

Palmar Beach, Belle Mare, Palmar, Tel. 4 15 10 41, Fax 4 15 10 43, www.verandagroup.com. Am Strand stehen die beliebten doppelstöckigen Reihenbungalows der mittleren Klasse, mit Blick aufs Meer und geschmackvoll eingerichteten Zimmern. Restaurants am Strand und am Pool.

Prince Maurice, Poste de Flacq, Tel. 4 13 91 00, Fax 4 13 91 30, www.princemaurice.com, Tel. in Deutschland: 061 96/77 73 80. Ein Luxushotel der neuen Generation: Ohne Rezeption, dafür mit ganz individuellen Service. Außergewöhnliche Architektur in Harmonie mit der Natur: Die palmstrohgedeckten Bungalows stehen teilweise auf Pfeilern über der Lagune, einige Suiten haben einen eigenen Pool.

Restaurants

La Caze Carlet, Roches Noires, Flacq, Tel./Fax 4 11 56 22. Bar und Lokal bieten Meeresfrüchte, Krabben, Cocktails und Weine. Regelmäßig Livemusik.

Le Spoon, im Hotel Saint Géran, Belle Mare, Tel. 4 01 16 88. Ein nicht nur lukullisches Erlebnis: Spitzenköche sind in diesem edlen, preisgekrönten Lokal mit mauritischer Küche am Werk – einfach delicatissimo!

Symon's, Royal Road, Pointe de Flacq (Küstenstraße im Zentrum von Belle Mare Plage), Tel. 4 15 11 35. Küstenlokal mit chinesisch-kreolischer Kost, viel maritimes Getier aus der Lagune (tgl. 19–22 Uhr).

The Residence, Residence Hotel, Coastal Road, Belle Mare, Tel. 4 01 88 88. Der französische Chefkoch zaubert kulinarische Choreographien: multiethnische Kunstwerke, allesamt farbenprächtig und viel zu schade zum Aufessen.

15 Trou d'Eau Douce

Eintauchen ins Fischerleben in einem romantischen Küstendorf.

Nach all dem weltabgehobenen Ambiente in den Luxusoasen und dem einzigartigen Verwöhnservice erlebt der Reisende südlich von Belle Mare eine andere, eher noch typisch mauritische Welt – aber was für eine! Trou d'Eau Douce ist

Poppig bunt mit sehr viel Grün – im komfortablen Hotel Le Coco Beach in Belle Mare

Auf Sand gebaut in Trou d'Eau Douce – Le Touessrok verwöhnt seine Gäste mit fünf herrlich weißen Puderzuckersandstränden und einer Privatinsel

ein niedliches, nahezu mediterran anmutendes **Fischerdorf**. An manchen Ecken verschlafen, an anderen jedoch reichlich geschäftig. Am schlangenlinienförmigen **Strand** legen am Vormittag vom Holzpier pausenlos die Taxiboote in Richtung der beiden Inseln Île aux Cerfs [Nr. 16] und Île de l'Est ab. Die Fischer bauen und streichen an ihren Kähnen im Schatten der Laubbäume und Filaos, während Touristen verzückt ihre Videokameras schwenken, um die pittoreske Bucht auf Zelluloid gebannt mit nach Hause nehmen zu können. Denn die Kulisse der **Berge** zeigt sich hier von ihrer Schokoladenseite – mit dem beeindruckenden *Pic Grand Fond* (521 m) und seinem 100 m höheren Nachbarn *Bambou*. Katamarane und Segeljachten schweben über das tiefblaue Wasser, blitzeblank und farbenfroh leuchten die Boote und Häuschen, weit dahinter über der Lagune sieht man die strahlend weißen Bungalows des immer wieder mit Spitzenprädikaten versehenen **Hotels Le Touessrok** (›weltbestes Hotel‹). Reisebüros, Snack-Imbisse und Boutiquen verleiten die Durchreisenden zum Haltmachen in diesem hübschen Örtchen.

Die Fischer leben von der **Austern-** und **Garnelenzucht**, allerdings scheint das Dorf am Luxusleben der Urlauber durchaus teilzuhaben, denn nicht wenige der Einwohner arbeiten in den Hotels. Abends sitzt die Dorfjugend auf der Kaimauer, einige zupfen auf der Gitarre, und um das Lagerfeuer am Strand versammeln sich einheimische Ausflügler zum obligatorischen Picknick – wo sonst lässt sich der Tag mit mauritischen Bekanntschaften bei Rum und Faratas (gefüllten Pfannkuchen) besser beschließen?!

i Praktische Hinweise

Hotels

TOP TIPP **Le Touessrok**, Trou d'Eau Douce, Tel. 4 02 74 00, Fax 4 02 75 00, www.oneandonlyletouessrok.com, Tel. in Deutschland: 0 61 71/6 36 00, Fax 0 61 71/63 60 90. Spitzenhotel, das immer mal wieder als weltbestes Hotel ausgezeichnet wurde: Die Bungalows verteilen sich auf fünf (!) Strände an der palmenbestandenen Lagune und auf winzigen Halbinseln. Hinzu kommen viele, teils idyllisch versteckte Pools und ein richtiger Abenteuerspielplatz für Kinder.

Le Tropical, Trou d'Eau Douce, La Pelouse, Tel. 4 80 13 00, Fax 4 80 23 02, www.naiade.com. Kleineres freundliches Strandhotel der Mittelklasse gegenüber der Île aux Cerfs: 60 rattanmöblierte Zimmer mit Balkon. Pool und eigene Tauchbasis.

Ein fantastischer Bade- und Ankerplatz – die Île aux Cerfs ist Ziel vieler Tagesausflügler

Silver Beach, Royal Road, Trou d'Eau Douce, Tel. 4 19 26 00, Fax 4 80 26 04. Beliebtes, mehrstöckiges Hotel am schmalen Strand mit Swimmingpool. 60 gute Zimmer mit Balkon oder Terrasse, teils Sicht aufs Meer.

Restaurant

TOP TIPP **Chez Tino**, Trou d'Eau Douce, Tel. 480 27 69. Preiswertes und wunderschön gelegenes Familienlokal mit luftiger Veranda über dem Meer. Man sitzt unter einem Banyanbaum und genießt Fischgerichte aus der kreolischen Küche (tgl. 10–15 sowie Mo–Sa 19–22 Uhr).

16 Île aux Cerfs

Raus aus dem Hotelgetto! Auf der Badeinsel mischen sich die Urlauber unter die Einheimischen – oder umgekehrt.

Ein ganz untypisches **Ferienparadies** versteckt sich auf der Île aux Cerfs. Die kleine unbewohnte Insel teilen sich die Gäste des Touessrok-Hotels und die Mauritier beim Wochenendausflug. Die Motorboote mit den Ausflüglern flitzen aus allen Richtungen durch die Lagune: Hier angeln Einheimische in den Mangroven nach anchovisähnlichen Fischen, die am besten zu Rum schmecken sollen. Der mächtige **Bambou** (626 m), Wahrzeichen der Ostküste, erhebt sich hinter der Île aux Cerfs auf Mauritius.

Die meisten Urlauber üben sich hier im Surfen und Tauchen oder genießen ihr Sonnenbad, während die Mauritier beim Picknick im Schatten von blühenden Bougainvilleen und Hibisken sitzen oder entlang der **Strandpromenade** flanieren.

Souvenir, Souvenir – gut aufgelegt im Shop am Strand der Île aux Cerfs

Aus Rücksicht auf die Landessitten sollte auf die nahtlose Bräune (oben ohne) verzichtet werden. Man kann auf der Insel auch beim Volleyball rundum braun werden, an der Küste spazieren gehen und dabei einsame Badenischen entdecken, an den Souvenirständen stöbern und feilschen oder den vier Riesenschildkröten im Gehege einen Besuch abstatten. Erfrischungen und Stärkung offerieren kleine Strandbars und die hoteleigenen **Restaurants** *Chaumière* (mauritische Speisen) und *Paul & Virginie* (Seafood) servieren Speisen zur Mittagszeit. An manchen Abenden legen hier leibhaftige ›Piraten‹ an und tropische Schönheiten mischen sich unters Badevolk – Showtime des Touessrok-Hotels!

In Sichtweite liegt die einsame **Île de l'Est** (auch Îlot Mangénie genannt), die mit ein paar Schwimmzügen zu erreichen ist. Dieses winzige Inselchen gegenüber vom Touessrok-Bootspier jedoch gehört ganz und gar den Gästen dieses Hotels, die hier auf einem neuen 18-Loch-Platz Golf spielen können.

i Praktische Hinweise

Bootsservice

Boote zur Île aux Cerfs (Public Ferry Boat, ausgeschildert) fahren täglich vom Pointe Maurice ab (hinter der Abzweigung zum Hotel Touessrok); nur dort werden auch die Tickets für die öffentlichen Fähren verkauft. Die Boote vom Touessrok-Pier (tgl. 9–17.15 Uhr, alle 20 Minuten) können von Nicht-Hotelgästen gegen Gebühr benutzt werden, ebenso die Wassersportmöglichkeiten auf der Insel. Private Boote starten auch ab Trou d'Eau Douce.

17 Pointe du Diable

Was für Ausblicke – die schönste Küstenstrecke der Insel, die malerischsten Dörfer, die bizarrsten Berge!

Hinter *Beau Champ* überquert die Straße in wilden Schlangenlinien das dschungelig anmutende Flussbett des **Grande Rivière Sud-Est**. Der größte Fluss der Insel strömt aus dem bergigen Hinterland über viele Kaskaden und mehrfach gewunden in die Küstenebene hinunter – ein spritziges Vergnügen verspricht eine **Fluss-Safari** auf Motorbooten und Katamaranen entlang der steilwandigen Felsen (von den Küstenorten und Hotels aus möglich).

An diesem Küstenabschnitt siedelten die ersten Holländer vor rund 400 Jahren, sie nannten den Ort Groote Rivier. Erinnerungen an die Historie ruft nahe von Beau Champ eine der ältesten **Zuckerfabriken** des Landes (ausgeschildert) hervor, die während der Erntezeit von Juni bis November wochentags zu besichtigen ist.

Die enge Straße nach Süden führt vorbei an Zuckerrohrfeldern und folgt schließlich dem Verlauf der Küste auf den

Zentimeter genau, man könnte den Fischern im Vorbeifahren die Hand geben. Die Männer stehen bis zum Bauch im Wasser, die Tasche mit den Ködern geschultert, die Angelrute wird mit Schwung ins schlammige Wasser geworfen. Nun folgt ein wahrer Reigen traumhafter **Buchten**, die allesamt Fotomotive zuhauf bieten – eines farbenprächtiger als das andere. Moscheekuppeln leuchten vor den grün bewaldeten Berghängen. Immer näher rücken die imposanten Spitzen der **Montagnes Bambous** – mal vier Pyramiden gleich, die sich ineinander verkeilt haben, mal wie Teufelshörner, je nach Standort und Ideenreichtum des Betrachters. Wen wundern bei derart fantasieanregender Bergkulisse die beziehungsreichen Namen der Küstendörfchen **Deux Frères** (Zwei Brüder) oder **Quatre Sœurs** (Vier Schwestern)? Beide Orte liegen am Fuße weit gezogener und sanft gewellter grüner Hänge, die sich höher und höher zu den charakteristischen Spitzen aufgipfeln. In **Grand Sable** wachen die ungleichen Geschwisterpaare fast senkrecht hinter den Häusern und dem Hafen.

Die geschichtsträchtige **Pointe du Diable** (Teufelsspitze) an der Küste ist nicht zu verfehlen. Auf einem großen Parkplatz weisen alte französische *Kanonen* Richtung Meer, wo einst britische Kriegsschiffe Kurs auf Mauritius nahmen und wo heute Jachten gemächlich vorbeisegeln. Ein paar Ziegen und Kühe grasen hier auf einem Terrain, auf dem sich im 18. und 19. Jh. heftige Kämpfe um die Vorherrschaft im Indischen Ozean abspielten. Einige alte Festungstürme aus der französischen Ära sind von Jugendlichen erobert worden – sie schwenken Bierflaschen statt Degen. Am Wochenende stehen unter den Filaos ganze Männergruppen und debattieren über die Sportergebnisse, Großfamilien picknicken bei Shrimps-Curry mit Bredes, einem grünen Spinatgemüse, Bier, Cola und Rum.

TOP TIPP Hinter der nächsten Kurve ist bereits die **Montagne du Lion** 480 m) zu sehen. Wenn sich die Reisenden diesem eigenartig geformten Berg vom Süden her oder beim Landeanflug auf den Airport Plaisance nähern, dann könnten sie wirklich meinen, in der Ferne läge ein Löwe, ausgestreckt zwischen Meer und Zuckerrohrfeldern. Vielleicht wurde er von Pfeilen aus ›giftigem Bambus‹ getroffen, denn so heißt der nächste, eigentlich ganz friedlich erscheinende Miniort – **Bambous Virieux**. Geübte Kletterer können den Löwenberg durchaus bezwingen. Ein teils ausgeschilderter Pfad führt zunächst durch den **Bois des Amourettes**, den ›Wald der Verliebten‹, und durch die unvermeidlichen Zuckerrohrfelder. Nach etwa zwei Stunden streckenweise recht steiler Kraxelei über den ›Rücken‹ und die ›Mähne‹ des Löwen hat man schließlich den Gipfel erreicht und wird mit einer schönen Sicht über die Bucht und bis nach Mahébourg belohnt.

Fluss-Safari auf dem Grande Rivière Sud-Est – der größte Strom der Insel erhält sein Wasser von den Montagnes Bambous und stürzt in mehreren Katarakten gen Küste

Fantasie gefragt – die Ausläufer der Bambous-Berge bilden nahe der Ostküste die charaktervolle Montagne du Lion, die oft mit einem liegenden Löwen verglichen wird

18 Domaine du Chasseur (Domaine des Grands Bois)

TOP TIPP *Geschützte Berglandschaft mit vielen Tieren und aussichtsreichem Restaurant, von Jägern und Wanderern gleichermaßen geliebt.*

Wer auf eigene Faust in die Domaine du Chasseur reist (auch Domaine des Grands Bois genannt, ausgeschildert), sollte sich nicht von kleinen abenteuerlichen ›Hindernissen‹ während der **Anfahrt** abschrecken lassen: Erst muss ein flacher Bach durchquert werden (ohne Allradantrieb möglich), dann gilt es die vielen Straßenwellen im ersten Gang zu überstehen, während sich die Piste zwischen Zuckerrohrfeldern und Palmenhainen an den Ausläufern der *Montagne Camisard* hochwindet.Von dem dortigen Parkplatz werden die Gäste mit dem Jeep abgeholt, nicht selten chauffiert der Chef, Monsieur Alain O'Reilly, selbst. Die Schotterpiste schraubt sich jetzt fast senkrecht in die Höhe, die kleinen **Stelzenhütten** der Domaine sind umzingelt von der Montagne du Lion (480 m), von Camisard und Piton Rouge und den Montagne Bambou (626 m).

Das private 1500 ha große **Naturschutzgebiet** ist ein hervorragender (Ausflugs-) Ort für Naturliebhaber, die auf Komfort verzichten können. Trekkingtouren in das urwaldähnliche Areal und auf die Berggipfel, weniger anstrengende Spaziergänge zum nahe gelegenen Mini-Wasserfall **Trou Malgache** (mit Badepool) oder mehrtägige Jagdausflüge in der Domaine und Angelpartien im Indischen Ozean werden angeboten. Selbst wer nicht jagt und beim Wandern die Hochsitze links liegen lässt, bekommt garantiert einige der scheuen **Java-Hirsche** zu Gesicht, die hier ihre Heimat haben. Am Nachmittag (ab ca. 15 Uhr) versucht ein Führer, mit einer Maus als Beute-Leckerbissen einen der seltenen **Mauritius-Falken** *(Kestrel)* anzulocken – und manchmal klappt es auch ... Die Population dieser majestätischen Greifvögel wurde von ehemals vier Falken auf derzeit 800 Exemplare erhöht – mithilfe von engagierten Tierschützern aus aller Welt [s. S. 88 f.]. Hoffentlich lassen sich die Vögel nicht durch die neue Action-Attraktion ›Quad Bikes‹ in der Domaine verschrecken – laut dröhnende Motorrad-Ungetüme auf vier Rädern.

Viele Reisegruppen kommen zum Mittagessen ins hoch gelegene **Restaurant Panoramour** auf dem Plateau (keine fünf Minuten per Jeep, 20 Minuten zu Fuß), wo ab und zu ein Helikopter mit illustren Gästen landet. Die Köche verwenden hauptsächlich Produkte aus eigener Produktion: Der Palmherzsalat stammt von den Palmen der Domaine-Plantage, von dort kommen auch die Ananas, Avocados und Papayas. Selbst der Rum ›Old Corsair's Gold‹ und der Kaffee sind hausgemacht, das gegrillte Wildschwein und die Hirschzungen selbstverständlich eigenhändig vom Besitzer oder von den Jagdgästen erlegt. Der **Rundblick** von hier oben ist spektakulär – ein Logenplatz über dem Indischen Ozean. Mitten im Blau des Meeres erspäht man eine **Inselkette** hinter dem Korallenriff: *Île Marianne*, *Île aux Fouquets* (auf der Ende des 17. Jh. von den Holländern einige Hugenotten zwei Jahre lang wegen Diebstahls interniert worden waren), *Île de la Passe* mit Leuchtturm und das Naturschutzgebiet *Île aux Aigrettes* [Nr. 21].

Unterhalb der Domaine du Chasseur liegt die **Domaine Ylang Ylang** (Tel. 6 34 56 68, Fax 6 34 52 30), eine Destillerie, die aus den wohlriechenden gelben Ylang-Ylang-Blüten, die hier überall am Wegesrand wachsen, ein Öl für die Parfümherstellung gewinnt. Angeschlossen ist ein gutes Restaurant.

i Praktische Hinweise

Unterkunft

Le Domaine du Chasseur, Anse Jonchée, Vieux Grand Port, Tel. 6 34 50 97, Fax 6 34 52 61, dchasseur@intnet.mu. Geboten werden einige einfache oder etwas besser ausgestattete Hütten mit Veranda (bester Ausblick vom ›Boule Boule‹-Bungalow), rechtzeitige Reservierung empfohlen! Außerdem locken zwei sehr gute Panorama-Restaurants mit Wildgerichten und Weinkarte.

Jagdfieber in der Domaine du Chasseur – hier kommt die Maus, aber wo bleibt der Mauritius-Falke?

Mit Sam im Jagdrevier

Die Ausflügler keuchen Sam hinterher. Der Mann (Führer, Jäger und Mädchen für alles) steigt wie ein Ziegenbock auf die **Montagne Camisard**, macht hier und da auf wilde Himbeeren, Termiten und die Rehe am Abhang aufmerksam. Er imitiert Vogelgeräusche, Makaken (eine Affenart) antworten in der Ferne. Weiter geht es über bemooste Felsen, unter Bananenblättern hindurch und an 300 Jahre alten **Ebenholzbäumen** vorbei. Die Ausblicke auf die Bergwelt und die Küste von Mauritius sind atemberaubend. Nach einem kurzen Schauer schlittert die Gruppe die matschigen Laterit-Pfade wieder abwärts und nimmt auf einem Hochplateau im Restaurant Panoramour Platz, um ein Wildschweincurry zu genießen – bei einem Panorama, das sprachlos macht: Plötzlich tun einem die Urlauber Leid, die zwei Wochen lang auf Mauritius nur am Pool liegen bleiben, und das lediglich eine halbe Stunde Fahrtzeit entfernt. Zur Rechten protzt die kuriose **Montagne du Lion**, die jede mauritische Schulklasse erklimmt und die vom Süden aus tatsächlich wie ein liegender Löwe aussieht. Dazwischen sieht man bis zur Küste weite Wälder aus Ravinals (eine Art Fächerpalme, s. S. 90), grüne Ananas- und Zuckerrohrfelder, Kaffeeplantagen, Papaya- und Mangobäume.

Die **Hütten** der Domaine du Chasseur bieten alles andere als Luxus: Nachts wacht über dem Schlafenden ein staubiger, ausgestopfter Hirsch mit Glupschaugen, morgens ab 6 Uhr jagen die Makaken übers Dach. Dafür findet man hier reinste Idylle und **Natur pur**: Abends zirpen die Grillen um die Wette, ab und zu verrät ein Rascheln im Buschwerk einen Mungo auf Nahrungssuche. Riesige Flughunde schweben über das Tal, manchmal auch ein Mauritius-Falke, ein Gecko schnalzt und der Sternenhimmel zeigt sich hier endlich einmal unbeeinträchtigt durch Hotelscheinwerfer.

Strohgedeckte Pavillons in dichtem Grün laden zur Rast – die ursprüngliche Berglandschaft der Domaine du Chasseur ist ein Dorado für Spaziergänger und Naturliebhaber

19 Vieux Grand Port

Auf den Spuren der ersten Siedler auf Mauritius.

Auf wahrlich historisches Terrain begibt man sich nach Umfahren des Montagne du Lion. In der weiten **Bucht** von Vieux Grand Port landeten am 20. September 1598 die Holländer erstmals an der mauritianischen Küste. Zuvor hatten sie bei der vorgelagerten **Île de la Passe** das Tor durchs Korallenriff gefunden – bis heute die einzige Passage in diese geschichtsträchtige Bai. Die Holländer nannten ihre Siedlung *Port Zuydoosterhaven*. Spuren aus jener wie auch aus französischer Zeit sind noch heute am **Pavillon du Grand Port** kurz vor dem Ort zu sehen. Auf dem Gelände des **Fort Frederik Hendrik Museum** (Mo–Sa 9–16, So 9–12 Uhr) wandelt der Reisende zwischen restaurierten Ruinen eines alten französischen Forts samt Gefängnis und Backstube sowie den Resten einer Gouverneursresidenz und den spärlichen Grundmauern der holländischen Festung. Im angeschlossenen Museum taucht man gänzlich in die koloniale Ära ein: die Ausstellungsstücke, Gemälde und die Ausgrabungsfunde der Jahre 1997–2000 demonstrieren eindrucksvoll den Lebensstil der Holländer im 16./17. Jh. – im Heimatland, auf Mauritius und bei ihren Seereisen auf den Weltmeeren.

An der Brücke über die *Rivière Champagne* erinnert ein **Obelisk** an ein weiteres, geschichtlich bedeutsames Ereignis in diesem Gebiet, das später von den Franzosen in *Port Bourbon* umgetauft wurde: Gut zwei Jahrhunderte nach der ersten Besiedlung, im August 1810, fand hier die berühmte **Seeschlacht** zwischen Franzosen und Briten statt. Dabei versuchten die Franzosen mit List und Tücke, die Briten abzuwehren, sie versetzten beispielsweise Bojen, was dazu führte, dass britische Schiffe tatsächlich havarierten und untergingen. Es war das einzige Mal, dass die französische Marine die Engländer besiegen konnte, wenngleich sie sich schon vier Monate später ihren Kontrahenten endgültig geschlagen geben musste. Trotz alledem wird noch

Erinnerung an die berühmte Seeschlacht im Jahr 1810 – der Obelisk bei Vieux Grand Port

heute am Pariser Arc de Triomphe voller Nationalstolz auf dieses siegreiche Ereignis verwiesen.

Was auch immer die Forscher noch ausbuddeln werden, nicht nur Denkmäler und steinerne Überreste erinnern an die Kolonialzeit, sondern auch die Art und Weise des Arbeitsalltags der Küstenbewohner. Wie vor Jahrhunderten tragen viele Frauen in bunten Körben die Wäsche auf dem Kopf zu den Flussmündungen, am Ufer leuchten die Kleidungsstücke zum Trocknen in der Sonne. Auch andere Bündel und Büschel Stroh werden oft noch auf dem Kopf balanciert.

Große Wäsche am Fluss – was so pittoresk wirkt, ist Alltagsarbeit an der Ostküste

i Praktische Hinweise

Unterkunft

Le Barachois (Village du Pêcheur), Anse Bambous, Vieux Grand Port, Tel. 6 34 56 43, Fax 6 34 57 08. Romantische kleine Anlage einer mauritischen Familie am Fischteich: einfache Reihenzimmer in Steinhäuschen mit rustikalem Mobiliar (Ventilator, Minibar), Veranda mit fantastischem See- und Bergblick. Mauritisches Restaurant, auch Barbecue möglich. Mückenschutz mitnehmen.

20 Mahébourg

Geschichtsträchtige Stadt mit interessantem Museum und viel Fisch.

In **Ville Noire**, der ›Schwarzen Stadt‹ kurz vor Mahébourg, sind die Toten auf einem Friedhof nahe der Küste bestattet: Hierher sollen sich früher Magier und Hexen zurückgezogen haben, vermutlich afrikanische Voodoo-Anhänger, denn Fluss- und Ortsnamen lassen auf kreolische Bevölkerung und Sklaven schließen – etwa die *Rivière des Créoles* (Kreolenfluss), die man kurz zuvor überquert hat. Doch Mahébourgs Vorort hält für Besucher noch eine ganz andere – süße! – Überraschung bereit. Die **Biscuiterie H. Rault** (Fabien Road, Mo–Fr 9.30–15.30 Uhr, Tel. 6 31 95 59) zaubert nach traditionellen Rezepten und Methoden (alles natürlich geheim) *Cassava*, Kekse aus Maniok, in sieben verschiedenen Geschmackssorten und lädt ihre Gäste zu einem 30-Minuten-Rundgang inklusive Naschen ein. Gruppen ab 10 Personen können hier auch zu einem typisch mauritischen Mittagsschmaus einkehren, dazu ist allerdings eine Anmeldung erforderlich.

Über die Cavendish Bridge gelangt man nun nach Mahébourg (rund 20 000 Einwohner). Die kleine moderne **Hafenstadt** und ihre angrenzenden **Strände** an der Pointe Jérome und Blue Bay haben sich zum internationalen Ferienzentrum gemausert, da der **Flughafen** nur zehn Autominuten entfernt ist – was jedoch nicht heißt, dass die Urlaubsruhe durch ständigen Fluglärm gestört wäre. Die wenigen Starts und Landungen der Maschinen werden eher als Attraktion denn als Ruhestörung empfunden.

Geschichte Die 1806 an der Rivière la Chaux vom französischen Gouverneur Charles Decaen gegründete Stadt wurde nach dessen berühmtem Vorgänger Mahé de Labourdonnais benannt. Sie spielte im Jahr 1810 eine zentrale Rolle als **Kriegsschauplatz**, als die Seeschlacht zwischen Briten und Franzosen im August vor den Toren der Stadt, in der Bucht von Vieux Grand Port, geschlagen wurde. Lange hielt der französische Triumph nicht an. Bereits am 2. Dezember desselben Jahres landeten die Briten mit einer Übermacht an Soldaten am Cap Malheureux und überrannten von da aus die Insel wie im Sturm. Die neuen englischen Herren ließen schließlich 1865 zwischen Mahébourg und der Hauptstadt Port Louis eine **Eisenbahnstrecke** quer über die Insel legen, die 1964 wieder stillgelegt wurde. Erst mit dem Bau der Autobahn nach Port Louis gewann die Stadt an der Südostküste ab 1988 wieder an Bedeutung. Sie gilt heute als **Fischereizentrum** des Landes.

Besichtigung Von der häufig beschriebenen kolonialen Aura ist im Stadtbild bis auf einige rostige Verandagitter nicht viel übrig. Vieles wurde abgerissen oder zu quadratisch-praktischen Gebäuden ›umfunktioniert‹. Eine alte Kirche aus Felsquadern in der Rue de Maurice trotzt den Zeitläufen. Eine Augenweide hingegen ist die neugotische Kathedrale **Notre-Dame d'Anges** (Rue du Souffleur). Ihr ockerfarbener Anstrich kontrastiert wunderbar mit den blendend weißen Spitzbögen und Sprossen der lang gezogenen schmalen Fenster und dem tiefschwarzen Dach. Sie überragt mit dem massiven, zinnenbekrönten Turm und dem ausgreifenden Querschiff noch heute alle Bauten im Städtchen. Vom Glockenturm bietet sich nach 100 steilen Stufen ein schöner Weitblick über den Naturhafen, die Hotels und über den Indischen Ozean bis zum Flughafen in Plaisance.

Im schönsten, zudem frisch restaurierten Kolonialgebäude (um 1775 erbaut) – leicht zu erkennen am Walmdach und der doppelläufigen Freitreppe – logiert heute das sehr sehenswerte **Musée Naval** (Mo–Fr 8.30–17, Sa/So/Fei 9–12 Uhr). Es liegt am südlichen Ortsausgang inmitten eines gepflegten Gartens. Auf zwei Etagen gibt es hier Maritimes und Historisches zu bewundern,

Top Tipp

Furcht erregend – Göttin Kali im Maha Kaliammen Kovil von Mahébourg

Auch als Ausguck geschätzt – der Turm von Mahébourgs Kathedrale Notre-Dame d'Anges

darunter zahlreiche Fundstücke von Schiffskatastrophen und Seeschlachten: z. B. die *Schiffsglocke* der ›Saint Géran‹, Kanonen der 1810 gesunkenen ›Magicienne‹, Seekarten des Indischen Ozeans vom Anfang des 16. Jh., rostzerfressene Kanonen, Schwerter und Pistolen (auch jene von dem berühmten Piratenkönig Robert Surcouf, vgl. S. 50), etliche Schiffsmodelle, eine Sänfte, Gemälde wichtiger Persönlichkeiten aus der Inselgeschichte und Kolonialmöbel. Besonders stolz ist man hier auf das *Baldachinbett* des Gouverneurs Labourdonnais.

Außerhalb des Museums stellen mauritische Künstler in einem nachgebauten Dorf alte Handwerkskünste und -fertigkeiten vor, deren Produkte auch zu kaufen sind.

Schräg gegenüber vom Marinemuseum und entlang der Hauptstraße Mahébourg Road beeindrucken einige farbenprächtige Hindu-Tempel, etwa der kleine **Maha Kaliammen Kovil** (Schuhe vor dem Betreten der Schreinhallen ausziehen), in dem die fürchterliche Göttin *Kali* haust, die mit weitherausgestreckter Zunge posiert und ihren Fuß siegreich auf die Brust eines Getöteten gestellt hat. Ihre Hände halten Kriegsgeräte und auch einen abgeschlagenen Kopf, dessen Blutschwall in eine darunter gehaltene Schale schießt. *Lakshmi* und der Elefantengott *Ganesh*, ebenfalls zugegen, wirken da schon wesentlich friedlicher.

Die **Uferpromenade** verläuft parallel zum Busbahnhof. Am Abend sitzt hier halb Mahébourg auf den Bänken und genießt die Abendstimmung und die (pfannkuchenähnlichen) gefüllten Faratas, einige Kinder sammeln Krebse im Schlick. Der Blick schweift von der schmalen Bucht mit Fischerbooten über die vorgelagerte *Île Mouchoir Rouge* bis hin zum ›Liegenden Löwen‹, dem Montagne du Lion, im Norden. Manchmal finden hier Freiluftkonzerte und Regatten statt, auch der ›größte **Markt** (Mo und Fr) von Mauritius‹ hat am *Point Canon* sein Domizil, rund um das moderne, von einer Kugel bekrönte *Denkmal* zur Abschaffung der Sklaverei (1835). Der Fremde sollte nicht allzu viel Exotik erwarten, denn hier werden vorwiegend Haushaltswaren feilgeboten. Mit Ausnahme einer für Mahébourg typischen Spezialität – farbenfrohen handbestickten *Taschentüchern*. Mit solchen, so erzählen die älteren Einwohner, signalisierten sie früher dem einzigen Arzt des Ortes, wohnhaft auf der ›Insel des roten Taschentuches‹, dass er benötigt werde …

Pointe d'Esny, Blue Bay und Île des Deux Cocos

Hinter der Lagune vom Hotel La Croix du Sud – im Süden, bereits außerhalb von Mahébourg – erreicht die Küstenstraße bald die **Pointe d'Esny** und schließlich die waldumrahmte Blue Bay, einen Strandabschnitt, an dem sich die wohlhabenden Einwohner Mahébourgs ihre Villen gebaut haben. Die Städter treffen sich am Wochenende hier auf der Wiese im Schatten der Kasuarinen. Die mit ihren weißen Sandstränden lockende **Blue Bay**

Nischendasein – in manchen Winkeln Mahébourgs findet sich charmant Schlichtes

Geschäfte bei freundlichem Plausch – Straßenverkauf in Mahébourg

Brillantes Pool-Design an der Blue Bay – das nach einer Hindu-Mondgöttin benannte Luxusresort Shandrani blickt auf eine traumhafte Wasserlandschaft

schneidet tief ins Festland ein, auf der Südseite der Bucht sieht man das auf einer Landzunge gelegene Hotel *Le Shandrani*. Im tiefblauen Wasser schwanken Ausflugs- und Glasbodenboote, am Pier liegt ein Katamaran. Draußen im Meer, zum Greifen nah, schwimmt die klitzekleine **Île des Deux Cocos**, auf der ein exklusives Hotel entstanden ist – trotz des Protestes der Anwohner, die ökologische Bedenken haben: In diesem Marinepark sollen die am besten erhaltenen und farbenprächtigsten Korallenbänke wachsen. Früher hieß das Inselchen Île aux Bigorneaux, benannt nach den Strandschnecken, die an den Felsen kleben, bevor sie in der Fischsuppe landen. Auch wenn das Eiland nah erscheint, sollten selbst gute Schwimmer wegen der Strömungen auf ein Boot umsteigen.

i Praktische Hinweise

Flughafen

Sir Seewoosagur Ramgoolam (SSR) International Airport, Plaisance, rund 3 km von Mahébourg entfernt und über die A 10 zu erreichen. Banken, Reisebüros, Mietwagenfirmen, Post etc. Auskunft: Tel. 6 03 60 00, http://mauritius-airport.intnet.mu.

Hotels

Le Preskîl Beach Resort, Pointe Jérome, Mahébourg, Tel. 6 04 10 00, Fax 6 31 96 03, www.lepreskil.com. Lebhaftes Mittelklassehotel mit palmgedeckten Häuschen im Garten (viele exotische Vögel). Kleiner Strand mit dem schönsten Ausblick auf der Insel, viele Wassersportmöglichkeiten und Tauchschule.

Le Shandrani, Blue Bay, Mahébourg, Tel. 6 03 43 43, Fax 6 37 43 13, www.shandrani-hotel.com, Tel. in Deutschland (Beachcomber Hotels): 089/6 29 84 90, Fax 089/609 68 11. Die Mondgöttin Shandrani macht Träume wahr in dieser fantastischen Anlage der Beachcomber-Gruppe. Elegantes Ambiente auf einer Peninsula mit drei Stränden, vier Restaurants. Eines davon ist ganz rustikal mit Bänken am Strand.

Villa Chantemer, Pointe d'Esny, Mahébourg, Tel. 6 31 96 88, Fax 4 64 39 64, www.villachantemer.com. Familiäres Gästehaus am Strand, hübsche Zimmer mit Bad.

Villa Le Guerlande, Pointe d'Esny, Mahébourg, Tel. 6 31 98 82, Fax 6 31 92 25, www.leguerlande.com. Tel. in Deutschland: 0 21 29/37 95 40. Bungalows unterschiedlicher Größe in einem Garten am Strand mit Küche und Veranda. Auch einige preiswertere Zimmer sowie Restaurant.

Restaurants

Chez Patrick, südl. Mahébourg Road, Mahébourg, Tel. 6 31 92 98. In diesem

Er rief Paul und Virginie ins Leben – Bernardin de St. Pierre (1737–1814)

Dichtung und Wahrheit – der Untergang der ›Saint Géran‹

Am 24. März 1744 verlässt der Schoner ›Saint Géran‹ den Hafen von Lorient in Frankreich. An Bord sind neben den 130 erwartungsvollen Passagieren auch einige Maschinen, die von der mauritischen Zuckerfabrik in Pamplemousses geordert worden waren.

Am Nachmittag des 17. August, nach fast fünfmonatiger Seereise um das Kap der Guten Hoffnung, ist wieder Land in Sicht: Die ›Saint Géran‹ erreicht die mauritischen Gewässer, Hoheitsgebiet der Franzosen. Doch Kapitän Delamarre manövriert in ihm unbekannten Gefilden, er kennt die Tücken der Küste im Norden von Mauritius nicht. Gegen Mitternacht werden ihm die winzige **Île d'Ambre** mit ihren vorgelagerten Klippen und eine gefährliche Strömung zum Verhängnis: Die ›Saint Géran‹ läuft auf die Felsen auf und beginnt zu sinken. Das Dauerbimmeln der Schiffsglocke reißt alle Passagiere aus dem Schlaf und ruft sie an Deck – Panik macht sich breit, die Rettungsboote sind unbrauchbar! Als das Schiff in zwei Teile zerbricht, springen die Menschen von Bord, klammern sich an alles, was greifbar ist. Doch nur zehn Passagiere der ›Saint Géran‹ erreichen die Île d'Ambre und überleben die Katastrophe.

In den 1960er-Jahren begannen archäologische Tiefsee-Expeditionen mit der Suche nach dem **Wrack**: 1966 konnten französische Taucher schließlich verrostete Gegenstände bergen, darunter einige Piasterstücke und die **Schiffsglocke**, die seither im Marinemuseum von Mahébourg zu sehen ist. Das Wrack selbst ist für erfahrene Taucher ein beliebtes Ziel: In etwa 10 m Tiefe lassen sich noch Anker und Kanone zwischen allerlei Algenbewuchs und Fischschwärmen erahnen.

Zur Erinnerung an die Tragödie trug jedoch vor allem der Roman von **Jacques Henri Bernardin de St. Pierre** bei: Jahrzehnte nach dem Unglück nahm der junge französische Dichter während seines Aufenthalts auf Mauritius (damals noch Île de France) diese wahre Begebenheit als Grundlage für seine 1788 erschienene romantische **Liebesgeschichte ›Paul et Virginie‹**. Darin wird beschrieben, wie das Mädchen Virginie, das zu Besuch in Frankreich war, bei der Rückkehr zu ihrem geliebten Paul nach Mauritius in den Fluten vor ihrer Heimatinsel ertrank. Nach der Havarie wollte sie sich aus Scham nicht ihrer Kleidung mit dem schweren Reifrock entledigen, der sie unweigerlich in die Tiefe zog. Wie es sich für eine romantische Tragödie gehört, stirbt nach dem Tod seiner Geliebten auch Paul an gebrochenem Herzen.

Das literarische Liebespaar hat im Laufe der Jahrhunderte Maler inspiriert, die Geschichte ihres tragischen Endes wurde in **30 Sprachen** übersetzt und sogar verfilmt: In der Kolonialvilla eines Zuckerbarons bei Riche en Eau nordwestlich von Mahébourg fanden die Dreharbeiten statt. Ein **Gedenkobelisk** in Poudre d'Or im Norden der Insel und ein **Bronzedenkmal** in Curepipe [s. S. 103] erinnern an die tatsächliche Tragödie wie auch an die Romanhelden Paul und Virginie.

Stadtrestaurant werden einheimische Kost und Chinesisches angeboten.

Le Jardin Créole, Pointe d'Esny (an der Straße zur Blue Bay; B 87), Mahébourg, Tel. 6 31 58 01. Beliebtes Veranda-Lokal: Ausgefallene kreolische Gerichte mit französischer Note ebenso wie Meeresfrüchte als auch Currys, Spaghetti oder Pizza und sogar süße Backwaren stehen zur Auswahl (tgl. 10–23 Uhr).

Le Phare, Sivananda Street, Mahébourg, Tel. 6 31 97 28. Hübsches kleines Seafood-

Restaurant mit Blick auf das türkisblaue Meer.

Monte Carlo, La Passe Street, Pointe des Régates, Mahébourg, Tel. 6 31 74 49. Das an der Bucht gelegene Lokal bietet Seafood in allen Varianten, Internationales und Kreolisches, Weine und Cocktails.

21 Île aux Aigrettes

TOP TIPP *Eine Öko-Exkursion in die Geschichte – auf dem Inselchen wachsen einzigartige mauritische Pflanzen.*

Nur 1 km von der mauritischen Küste entfernt haben Naturschützer ein typisches Fleckchen Natur erhalten bzw. in mühsamer Arbeit wieder erschaffen – fast so, wie es vor Jahrhunderten hier aussah: mit endemischer Küstenvegetation und einzigartigen Tieren, die es sonst auf ganz Mauritius nicht mehr gibt. Nicht nur für Biologen ist ein zweistündiger Ausflug in diese **Naturoase** lohnend. Man sollte Trinkwasser, Mückenschutz und Sonnenhut nicht vergessen – es wird ab 10 Uhr brütend heiß.

Geschichte Die Insel war von den Holländern um 1598 ›Visschers Eiland‹ getauft worden. Als das gesamte harte **Ebenholz** gefällt war, das nach Europa exportiert wurde und dort viel Geld brachte, verloren sie ab Anfang des 18. Jh. das Interesse an dem Besitz. Die Franzosen brannten hier **Kalk** für den Export nach Réunion. Während des Zweiten Weltkriegs diente die Insel den Briten als **Militärbasis** im Indischen Ozean. Mehr als 100 Soldaten waren in festungsartigen Anlagen untergebracht, von denen heute noch einige Überreste zu sehen sind: etwa die riesige restaurierte *Kanone* und ein *Ausguck*, von dem sich eine fantastische Weitsicht über Meer, Nachbarinseln und Mauritius bietet. Danach betrieb ein privater Besitzer hier **Schafzucht** – wiederum mit verheerender Auswirkung auf die einheimische Flora und Fauna: Man pflanzte als Futter jede Menge Giant Acacia *(Leucaena leucocephala)*, die sich rasant ausbreitete und bald die ganze Insel überwuchert hatte. 1965 erklärte die Regierung die Île aux Aigrettes zum **Naturreservat**. Trotzdem wurde weiterhin illegal Holz gefällt, bis 20 Jahre später die **Mauritius Wildlife Foundation** (MWF) die Kontrolle übernahm. Heute wollen die Naturschützer die kleine Insel allmählich für Ökotouristen zugänglich machen.

Besichtigung Auf den ersten Blick wirkt die Île aux Aigrettes fast unwirtlich: 25 ha flacher Inselboden aus schroffem Kalk- und Korallengestein, überzogen mit einem niedrig gewachsenen grünen Kleid, im Inneren einige (nicht zugängliche) Höhlen, die als Lebensraum für Flughun-

Auf Öko-Exkursion – die hohe Warte gewährt Rundumsicht über die Naturoase Île aux Aigrettes mit ihrer wieder erschaffenen Vegetation

de dienen. Ihren heutigen Namen erhielt die Insel durch die Aigrettes, **Silberreiher**, die auf Mauritius seit dem 17. Jh. bereits ausgestorben sind. Der schwarzweiße Vogel soll jedoch wieder aus Madagaskar eingeführt und hier angesiedelt werden. Insgesamt sind 13 bedrohte Pflanzenarten auf der Île aux Aigrettes heimisch, darunter weiß blühende **Orchideen** (namens Aphrodite), die im Oktober/November ihren Duft verbreiten.

Das erste Ziel der Ökologen war die Ausrottung der **Ratten**, die Früchte und Sprösslinge fraßen und 1991 endlich besiegt waren. Seither werden die **Spitzmäuse** bejagt (die vor rund 300 Jahren – wie die Ratten – an Bord der Schiffe aus Asien nach Mauritius gelangten). Die Mäuse fressen mit Vorliebe die Eier des endemischen, vom Aussterben bedrohten *Green Lizard*. Erst wenn auch diese Nager besiegt sind, können weitere gefährdete Tierarten hier ausgesetzt werden, etwa die *Keel-scaled Boa* und *Gunther's Gecko*.

Mittlerweile haben auf der Insel die angesetzten mauritischen **Bäume** und **Pflanzen** wieder Wurzeln geschlagen: der niedrige Ebenholzbaum (Bois d'Ebène; *Diospyrus egrettarum;* nicht zu verwechseln mit dem hoch wachsenden Schwarzen Ebenholz aus den Bergwäldern), die Vacoas-Palme *(Pandanus vandermeerschii)*, die Flaschenpalme (Round Island Bottle Palm; *Hyophorbe lagenicaulis*), die Drachenpalme (Bois de Chandelle; *Dracaena concinna*) mit ihren nadelspitzen Blattbüscheln und der Bois de Rat (Rattenbaum; *Tarenna borbonica*). Dieser entpuppt sich als mannshohes Pflänzchen mit gesprenkelten, vorne abgerundeten Blättern, das im Laufe seines Lebens eine wundersame Verwandlung (Polymorphose sagen die Biologen) zum widerstandsfähigen Baum durchmacht. Der Ochsenbaum (Bois de Bœuf; *Gastonia mauritiana*) übrigens ist ein Laubbaum mit weit ausgreifenden, Schatten spendenden Ästen, der an den mauritischen Stränden von den rasch wachsenden Filaos verdrängt wurde.

Spitzen-Demonstration – wieder heimisch auf der Île aux Aigrettes ist auch die Drachenpalme

Unbestrittener Star der Île aux Aigrettes aber ist die **Pink Pigeon** (Rosafarbene Taube). Sie war bereits von der Mini-Insel verschwunden und galt lange Zeit als vom Aussterben bedroht: Nur noch 15 bis 20 Vögel zählten die Tierschützer 1985 in der Nähe von Grand Bassin auf Mauritius [s. S. 89]. Heute leben hier auf dem winzigen Eiland wieder 80 Exemplare, 270 andere Taubenarten sind vor allem im Black River Gorges National Park heimisch geworden.

Einer hat sich allerdings von hier aus dem Staub gemacht: der **Kestrel**. Seit 1989 wurden 20 dieser Mauritius-Falken auf der Île aux Aigrettes freigelassen. »Doch sie sahen die verlockenden Berge auf Mauritius und sind alle nach und nach dorthin ausgewandert«, sagt Pierre de Boucherville Baissac von der MWF.

i Praktische Hinweise

Touren

Der von einem Naturschützer geleitete Ausflug kann über das *Hotel Le Preskîl Beach Resort* [s. S. 73] bzw. die *MWF* (s. u.) gebucht werden. Die Boote starten am Pier des Hotels bei Mahébourg (15 Minuten). In einem Besuchercenter auf der Insel, 1998 von Prinzessin Anne eingeweiht, kann man sich zunächst einen Überblick über die inseltypische Flora und Fauna verschaffen.

Mauritian Wildlife Foundation (MWF), Hauptbüro: Grannum Road, Vacoas, Tel. 6 97 60 97, Fax 6 97 65 12, www.mauritian-wildlife.org.

Landschaftspflege im Naturpark Le Val – große Teichanlagen und Wasserläufe prägen das von dicht bewachsenen Berghängen gerahmte Tal

22 Le Val Nature Park

Abstecher in eine idyllische Oase im Landesinneren.

Die Landstraße, die von Mahébourg aus in nordwestlicher Richtung über *Riche en Eau* führt, einem Zentrum der Zuckerrohrverarbeitung, schwingt sich kurvenreich hinauf bis nach St-Hubert. Hier hat sich der Landschaftspark Le Val (tgl. 9–17 Uhr) zum Besuchermagneten entwickelt. Allein schon die rund 12 km lange **Anfahrt** ist reizvoll. Man taucht ein in Alleen mit altem Baumbestand, passiert Zuckerrohrfelder und die Zuckerfabrik *Rose Belle* mitsamt ihrem schlossartigen Anwesen, durchquert Ananasplantagen und kleine ursprüngliche Dörfer mit bunten Hindu-Tempeln und auffällig vielen Moscheen, in deren Eingängen weiß gekleidete Moslems mit dem typischen Käppi auf dem Kopf lehnen. Beim Blick zurück erscheint immer wieder der so charakteristisch profilierte ›Löwenberg‹, der vor dem Indischen Ozean lässig an der Küste ›liegt‹.

Schließlich mündet die Straße (gegen Ende ein Schotterweg) in ein Tal, das von sanft geschwungenen und bewaldeten Berghängen gebildet wird. Hier erholen sich die Mauritier am Wochenende an Bächen und Wasserfällen, unter Palmen und Riesenfarnen. Auf einem **See** vergnügen sich Liebespärchen und ganze Kinderscharen beim Tretbootfahren, nebenan üben sich Familien mit Kind und Kegel im **Fun-Fishing**: Die geangelten *Red Snapper* und *Tilapia* (Buntbarsche) darf man behalten. Für Kinder hat der Park allerlei Attraktionen zu bieten: eine kleine Eisenbahn, Ponyreiten, Riesenschildkröten, ein paar Rehe und Schafe, Makaken, viele bunte Vögel und sogar einen Leoparden im Käfig.

Darüber hinaus kann man in Le Val Plantagen mit Bananenstauden durchstreifen, an Teichen flanieren, in denen Karpfen, Riesengarnelen und Wasserkresse gezüchtet werden, oder Blumenhäuser begutachten, wo Anthurien *(Andreanum)* in den Farben Rot, Rosa und Weiß gedeihen.

i Praktische Hinweise

Restaurant

Le Val, Le Val Nature Park, Tel. 633 50 51. Open-Air-Restaurant mit landestypischen Speisen, aber auch Kreationen aus Indien, China und Europa, z. B. Currys von Fisch und Shrimps aus der eigenen Zucht (abends geschl.).

Der Süden – auf der Spur des Falken

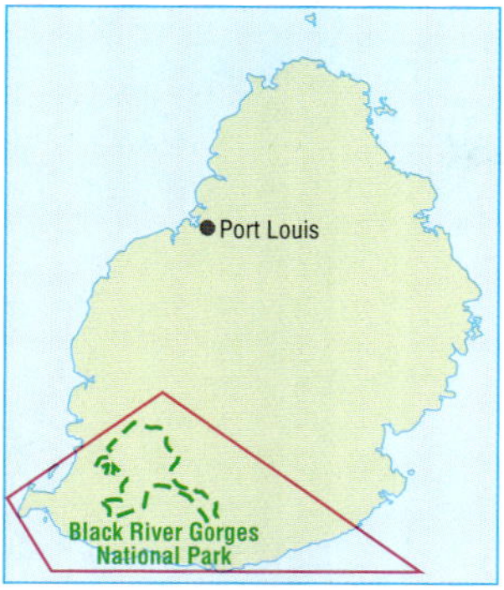

Von ihrer ganz und gar wilden Seite präsentiert sich die Insel Mauritius an der Südküste, wo schroff-bizarre Berge mit ihren Ausläufern als spitze Landzungen zerklüftet im Meer enden. Der Indische Ozean prallt hier mit aller Macht, geschoben vom Südostmonsun, gegen die rauen Klippen, etwa bei **Le Souffleur** oder dem Kap **Le Gris Gris**, dem südlichsten Punkt der Insel. Abseits von Hotelgärten, Büfetts und Swimmingpools erlebt der Urlauber im Süden ein weithin unberührtes und grünes Mauritius: Berge, seltsam geformt wie aus einem Märchenland, eingerahmt von Zuckerrohrfeldern im Schachbrettmuster. Dank des feucht-sonnigen Klimas gedeiht hier auch Tee, der sogar exportiert wird.

Wer im **Black River Gorges National Park** wandert und Geduld hat, der sieht mit etwas Glück Vögel, die weltweit einzigartig sind: etwa den faszinierenden Mauritius-Falken und die Rosafarbene Taube – vor dem Aussterben gerettet von engagierten Tierschützern. Und nirgendwo auf der Insel stürzen mehr **Kaskaden** in tiefe Abgründe und Schluchten, nirgendwo bieten an steilen Berghängen gelegene Ausflugslokale bessere Aussichten über die Küste. Für ›Gipfelstürmer‹ wird zwar der höchste Inselberg, der **Piton de la Petite Rivière Noire**, mit seinen 828 m nicht unbedingt eine sportliche Herausforderung bedeuten, ein schöner Spaziergang mit fantastischen Weitsichten ist der Besuch im Black-River-Nationalpark allemal. Ist es beim Wandern durch die Wälder noch ruhig und einsam, wird es umso belebter am ›heiligen See‹ **Grand Bassin**, wenn im Februar/März ›die Nacht Shivas‹ anbricht und Hunderttausende Pilger sich am Ufer des Kratersees zum Gebet versammeln.

23 Le Souffleur

Die Macht des Indischen Ozeans.

Die windumtosten Klippen bei Le Souffleur sind ein beliebtes, wenn auch reichlich feuchtes Ausflugsziel. Hier, tief im Süden der Insel, hält kein Riff die gewaltigen Brecher des Indischen Ozeans zurück. Schon die Anfahrt vom Ort **L'Escalier** ist rau und nichts für Zartbesaitete: Erst geht es an der modernen Zuckerfabrik Savannah und den Mauerresten der alten Savinia-Fabrik unter gigantischen Banyanbäumen vorbei, im Zickzackkurs durch ein Labyrinth wogender Zuckerrohrfelder (ausgeschildert), dann durch ein Tor (tgl. 6–18 Uhr) und endlich über einen steinigen Schotterpfad der ca. 2 km entfernten Küste entgegen. An der **Aussichtsstelle**, wo die mächtigen Wellen gegen die lavaschwarze Küste prallen, bläst der Wind unerbittlich und hat schon manchen Ausflügler mit in die Tiefe gerissen; ein Holzzaun soll allzu Wagemutige von der tosend schäumenden Steilküste fern halten.

Seinen Namen Le Souffleur (frei übersetzt: Blasloch) hat dieser Küstenabschnitt aus der Zeit vor 100 oder 200 Jahren: Bei hohem Wellengang schossen die anbrandenden Wassermassen durch einen schmalen Durchlass im Felsen in die Höhe und traten in gewaltiger Eruption unter Getöse als haushohe Fontäne wieder hervor. Heute grummelt und zischt es

◁ **Oben:** *Berg und Tal – großartig ist der Fernblick von der Höhenstraße des Black River Gorges National Park zur Südwestspitze von Mauritius*
Unten: *In Saus und Braus – Urgewalten sind an den Klippen bei Le Souffleur zu erleben*

Siesta in der Krokodilfarm La Vanille – auch gepanzerte Echsen kuscheln gern

hier ein bisschen, da die enge Passage von den Wellen langsam aber stetig weitend ›ausgefressen‹ worden ist. Der Anblick der ungebremsten Elemente ist dennoch, gerade bei starkem Seegang, Respekt einflößend. Das geparkte Auto sollte man jedoch nicht aus dem Auge verlieren (bzw. abschließen) – hier treiben einige Langfinger ihr Unwesen, während die Besucher gebannt den gischtenden Ozean beobachten.

24 La Vanille Crocodile Park & Nature Reserve

Ein dschungeliges Tal, in dem sich Krokodile und Mücken wohl fühlen.

In einem engen Flusstal südlich des Ortes *Rivière des Anguilles* findet sich der Besucher plötzlich inmitten einer fast dschungelähnlichen, ursprünglichen Vegetation wieder – feucht, schweißtreibend und voller Mücken. Auf dem Terrain einer ehemaligen Vanilleplantage ist vor rund 20 Jahren die Krokodilfarm La Vanille (ausgeschildert; tgl. 9.30–17 Uhr, Fütterungszeit ca. 13.30 Uhr) entstanden. Die Besitzer züchteten Nilkrokodile für die Lederproduktion, wobei die ersten Tiere aus Madagaskar stammten. In den Teichen und Käfigen tummeln sich heute mehr als 1000 Echsen, von Babys bis hin zum greisen, kampfgezeichneten Exemplar. Besuchergruppen streifen durch das dichte, tropisch bewachsene Gelände und können in dem Minizoo und in einer Reptilienausstellung Bekanntschaft mit weiteren Inselbewohnern machen – mit Riesenschildkröten und Iguanas, einem Chamäleon, Schlangen, Igeln, Wildschweinen und Affen.

i Praktische Hinweise

Restaurant

Le Crocodile affamé, La Vanille, Senneville, Rivière des Anguilles, Tel. 6 26 25 03. Freiluftbar und kreolisch-internationales Restaurant namens ›Hungriges Krokodil‹ im Naturpark. Spezialität? Natürlich Krokodilfleisch (schmeckt wie Hühnchen). Außerdem gibt es Snacks und eine gute Weinauswahl. Souvenirshop mit allerlei Krok-Waren.

25 Souillac

Hafenstädtchen, Kap mit Aussicht und ein imponierender Wasserfall.

Der kleine frühere **Hafen** des Provinzstädtchens Souillac an der Mündung der *Rivière Savanne* ist ein Ort, wo die Zeit stehen geblieben zu sein scheint; wo am Kai bei Batelage nur ein paar Fischerkähne im trägen Wasser schwanken und Urlauber ein kühles Bier unter Schatten spendenden Bäumen trinken – Siestastimmung macht sich breit. Kaum zu erahnen, dass an diesem Fleck Erde vor 200 Jahren hektischer Trubel herrschte. Souillac war einst der Hauptort des Südens und Heimathafen der Frachter und Segelkähne, der ›Chasse Marées‹, die von hier aus mit Holz, Arrak und Indigo sowie dem begehrten Zuckerrohr Richtung Port Louis in See stachen. Von den damaligen *Zuckerfabriken* Saint Aubin, Fontenelle und Terracine sind heute nur noch Ruinen und die Schornsteine zu sehen bzw. die Landsitze der Besitzer.

Doch einige Gebäude im Zentrum Souillacs stammen noch aus der Kolonialzeit, etwa das **Polizeihauptquartier** mit seinem Holzdach und das **Gerichtsgebäude**, das ehemalige **Lagerhaus** für Zucker aus dem 19. Jh. (heute Restaurant, s. u.), die schöne alte **Post** im früheren backsteinernen Bahnhof (1877) und die **Kirche** aus dem Jahr 1856.

Ein auffälliges Haus in Strandnähe – **La Nef**, vollkommen aus Korallengestein erbaut – diente einst **Robert Edward Hart** (1891–1954) als Wohnsitz, einem über die Landesgrenzen hinaus berühmten mauritischen Dichter. In seinen sowohl in

England als auch in Frankreich sehr erfolgreichen Werken pries er die Landschaft seiner Heimat und die kulturelle Vielfalt der Mauritier. Wie er hatten sich in der ersten Hälfte des 20. Jh. viele einheimische Intellektuelle nach Souillac zurückgezogen. Heute informiert hier ein kleines **Museum** (Mi–Mo 9–16 Uhr, Tel. 6 25 61 01) über Harts Leben und Schaffen. Gezeigt werden einige Gedichte in Kopien und die Geige des Hausherren im Original.

Rätselhaftes Gris Gris

Vom Ende der Uferpromenade hat man bei Le Gris Gris einen fabelhaften Ausblick auf das meist tosende Meer. Auch wenn der von Klippen umrahmte Strand verlockend aussieht, das Baden ist an dieser Stelle lebensgefährlich! Daher sollte man sich wie alle Ausflügler hier auf das Sammeln von Muscheln und Krebsen und auf Picknicks beschränken oder einfach nur die Meeresbrise genießen. Über die Herkunft des Namens ›Gris Gris‹ rätselten die Stadtschreiber lange Zeit. Für die einen ist es ein Ort der schwarzen Magie, andere leiten den Namen vom ewig *grauen* und feuchten Schleier des Ozeans an dieser Stelle ab. Außerdem soll im 18. Jh. der hiesige Kartograph Abbé de la Caille seinen Hund so gerufen haben …

Naturschauspiel Rochester Falls

TOP TIPP

Nahe von Souillac stürzen die **Rochester Falls** in die Tiefe (ausgeschildert, ca. 3 km langer Abstecher nach Norden ins Landesinnere; wenn sich der Schotterweg in den Zuckerrohrfeldern in mehrere Richtungen verästelt, stets weiter geradeaus fahren). Die *Rivière Savanne* rauscht hier versteckt zwischen Zuckerrohrfeldern und Wald über einen rund 10 m hohen Abbruch im Felsen. Auffallend sind die säulenförmigen Gesteinsformationen unterschiedlicher Höhe, von denen Jugendliche gewagte Sprünge ins Wasserbecken vollführen – ein höchst gefährliches Unterfangen. Das natürliche Becken eignet sich hingegen hervorragend zu einem erfrischenden Bad inmitten der idyllischen Waldkulisse.

Nahe Strände

Zwischen Souillac und dem Nachbarort Surinam im Westen passiert man kilometerlange schöne Strände – mehr oder weniger ruhig, dort wo das Korallenriff intakt ist und die Küste vor den ungebremsten Wellen schützt. Palmen stehen am Strand von **Riambel**, tückisch wegen der Strömung ist das Baden beim etwas weiter westlich liegenden **Pomponette**, und am **Pointe aux Roches** hat sich sogar ein Bungalowhotel angesiedelt – hier rollen zum Surfen geeignete Wellen Richtung Strand, an dem windzerzauste Filaos Schatten spenden. In der **Baie du Jacotet** kann man bei Ebbe zur winzigen **Îlot Sancho** laufen, wo ein im Riff festsitzender Anker an die Havarie eines Seglers erinnert.

Küstenzauber – Le Gris Gris bietet Aussicht auf den aufgewühlten Ozean

Auch um diese Küstengegend ranken sich Geschichten von Schatzsuchern, Schiffbrüchigen und Kriegsveteranen. So soll auf Sancho ein Schatz liegen und bei **Bel Ombre** steht ein Gedenkstein: 1923 ereignete sich weit draußen im Indischen Ozean die Havarie der ›Trevessa‹. Die Schiffbrüchigen erreichten nach mehr als 2000 km langer Odyssee im Rettungsboot an dieser Stelle das rettende Ufer.

Praktische Hinweise

Hotel

Voile d'Or Resort & Spa, Allée des Cocotiers, Bel Ombre, Tel. 6 23 50 00, Fax 6 23 50 01, www.voiledor.com. 2004 eröffnetes Luxushotels am einst kaum erschlossenen Küstenstreifen.

Restaurant

Le Batelage, Village des Touristes, Port Souillac, Tel. 6 25 60 83. Am alten Hafen gelegenes Restaurant in einem rustikalen Lagergebäude für Zucker aus dem 19. Jh. Man speist – draußen um einen Springbrunnen sitzend, drinnen abends bei Pianomusik – vorwiegend Meeresfrüchte, nach kreolischen und europäischen Rezepten zubereitet.

26 Baie du Cap (Macondé)

Eine Haarnadelkurve mitten im Meer.

Im Hinterland türmen sich die Montagnes Savanne allmählich zu imposanten Gebilden, während die palmengesäumte Küstenstraße ab dem hübschen Fischerdorf **Baie du Cap** einen nahezu dramatischen Verlauf nimmt. Vor Jahrmillionen ergossen sich Lavaströme aus Feuer speienden Kratern und schufen die heute so zerfleddert anmutende Südküste. Hier nun kreierte die erkaltende Lava eine zerklüftet und lang gezogen in den Ozean ragende Landzunge, der die schmale Straße folgt, bis sie in einer Haarnadelkurve die Felsspitze umschlingt und in die Gegenrichtung abschwenkt. An der engsten Stelle kann man den Felsen besteigen (am besten davor oder dahinter in einer der Nischen parken): Macondé heißt dieser Punkt, der von Westen aussieht, als rage eine Krokodilschnauze ins Meer. Benannt wurde die Landspitze nach dem Gouverneur Jean Baptiste Henri Condé, der hier vor 250 Jahren einen Ausguck errichten ließ.

Dahinter schlängelt sich die Straße weiter um die tief ins Land einschneiden-

Idyllische Badewanne – am Fuße der schäumenden Kaskade der Rochester Falls bildet die Rivière Savanne ein natürliches Schwimmbassin

de Bucht und die Mündung der *Rivière du Cap*, dem ein kleiner **Strand** folgt. In der Bucht sitzen häufig Angler, Fischersleute bestücken ihre handgearbeiteten Reusen mit Algen und Muscheln als Köder. Zwischen Juni und August versuchen am Baie du Cap Surfer ihr Glück im Spiel und Kampf mit den heranbrechenden Wellen.

Praktische Hinweise

Restaurant

La Trevessa, Royal Road, Baie du Cap (kein Tel.). Kleines Lokal mit Terrasse und einheimischen Gerichten, serviert werden auch Snacks und Fisch.

Waghalsige Straßenführung am Meer – Macondé bei Baie du Cap

27 Le Morne Brabant

TOP TIPP *Sport und Unterhaltung im Schatten eines aussichtsreichen Felsklotzes und eine Badeinsel.*

Am äußersten Südwestzipfel von Mauritius ist zu Füßen des markanten Berges Le Morne Brabant ein gleichnamiges Touristenzentrum entstanden, mit Hotels, Kasinos, Reitstall und einem 18-Loch-Golfplatz. Der grün überwucherte **Tafelberg** (556 m) erhebt sich unverkennbar und allbeherrschend auf der von schönen Stränden gesäumten Halbinsel und riegelt die Ferienanlagen fast gänzlich vom Hinterland ab – wäre da nicht die kleine Zufahrtsstraße zum Meer. Im

Eckpfeiler – der Felskoloss Le Morne Brabant, einer der auffälligsten Punkte von Mauritius, markiert prägnant die Südwestecke der Insel

Luxus am Morne Brabant – entspannende Atmosphäre unter Palmen im Le Paradis

Osten ragt sein 40 m höherer Kompagnon **Piton du Fouge** (596 m) auf.

Über den Morne Brabant erzählen die Mauritier eine traurige Geschichte vom Ende der **Sklavenzeit**: Entflohene Sklaven fanden jahrelang Zuflucht auf dem abgelegenen Berg, doch als eines Tages im Jahr 1835 Polizisten den Gipfel erklommen, sollen sich einige Schwarze voller Furcht in die Tiefe gestürzt haben. Dabei hatten die Uniformierten nur den Auftrag, das Ende der Sklaverei zu verkünden. Wahr oder nicht wahr, ein Kreuz auf dem Gipfel erinnert an diese tragische Episode.

Wer sich der Herausforderung stellen und den steilwandigen Koloss erobern möchte, muss im **Felsenklettern** geübt sein. Der Berg gilt als gefährlich und ist nur in Seilschaft und mit Genehmigung zu besteigen. Wagemutige bekommen neben grandiosen Blicken über die Westküste mit etwas Glück auch die seltene, prächtig weiß oder karminrot blühende Nationalblume *Trochetia* zu Gesicht.

Der kleine Fischer- und Urlaubsort **Le Morne** schmiegt sich an die dem offenen Meer zugewandte Westflanke des Morne Brabant. Der öffentliche **Strand** zwischen den Hotels Les Pavillons und Le Paradis sowie an der südlichen Hälfte der Halbinsel ist wochentags nahezu ausgestorben und herrlich leer, quillt aber an Wochenenden und Feiertagen über mit picknickenden, musizierenden und (Sega) tanzenden Mauritiern. Der Rest des 4 km langen weißen Ufersaums ist den Hotels der Luxusklasse vorbehalten. Wegen des ruhigen (und seichten) Meerwassers wird diese Peninsula besonders von Surfanfängern geliebt.

Île aux Bénitiers

In der kristallklaren Lagune nördlich der Halbinsel liegt lang hingestreckt die Île aux Bénitiers. Die Insulaner bauten früher Kokosnüsse an und vertrieben Produkte aus deren Fasern – Besen und Bürsten. Heute wird die Insel ihrer einsamen Strände wegen von Ausflugsbooten angesteuert, die in den Hotels oder im nördlichen Fischerort Grande Rivière Noire angeheuert werden können. Gegen den Versuch, die Insel zum FKK-Urlaubsparadies zu machen, wehrten sich die Bewohner mit Protesten – und mit Erfolg.

Die metergroßen **Bénitier-Muscheln** waren hier früher weit verbreitet und gaben der Insel ihren Namen, heute sind sie selten geworden. »Mördermuscheln«, schimpften die Seeleute, als man sich Geschichten von Tauchern erzählte, die in ihrem Schlund festgehalten wurden und dadurch ertrunken seien. Seemannsgarn nennt man dies heute. Tatsache ist, dass die Riesenmuscheln sogar in Kirchen als Weihwasserschalen benutzt wurden. Wer sie auf Souvenirmärkten umgearbeitet zu Vasen oder Seifenschalen findet, sollte die Finger davon lassen – sie gehören ins Meer und nicht als Dekoration in die Schrankwand zu Hause.

Praktische Hinweise

Hotels

TOP TIPP **Les Pavillons**, Le Morne Plage, Tel. 4 01 40 00, Fax 4 50 52 48, www.naiade.com. Hübsche, lang gestreckte Bungalowanlage im Kolonialstil zu Füßen des Morne Brabant. Schon die Lobby bietet einen atemberaubenden Ausblick auf den Pool und den flach abfallenden Strand. Drei erstklassige Restaurants, eine perfekte Sega-Show am Abend, alle Varianten des Wassersports. Am 500 m langen Strand spenden Strohhütten Schatten.

Paradis Hotel & Golf Club, Case Noyal, Le Morne Brabant, Tel. 4 01 50 50, Fax 4 50 51 40, www.paradis-hotel.com, Tel. in Deutschland (Beachcomber Hotels): 089/6 29 84 90, Fax 089/6 09 68 11. Anlage der Weltspitzenklasse – strohgedeckte, zweistöckige Häuser in einem tropischen Garten und luxuriöse Villas mit sehr behaglichen Zimmern. Zwei Pools, vier Restaurants, Kasino, Tennis- und Golfplatz gehören ebenso dazu wie Schnorchelausflüge und Hochseefischen.

Villa Le Morne 2, Le Morne Brabant, Buchung unter Tel. 2 83 99 64, Fax 2 83 96 86. Direkt an den Hang des Morne Brabant schmiegt sich dieses ruhig gelegene Häuschen mit nur drei Apartmentzimmern, Küche, Balkon und Terrasse sowie Pool.

Restaurants

Le Domino, Case Noyale, Tel. 4 54 67 23. Ausflugslokal, hoch oben Hang des Morne Brabant, mit fantastischer Weitsicht über die gesamte Westküste bei chinesischen Speisen, Gegrilltem und Seafood (tgl. 12–16.30 Uhr, abends nur geöffnet bei Reservierung).

La Palma, im Hotel Le Paradis, Tel. 4 50 50 50. Exquisites italienisches Restaurant in einem der elegantesten Hotels der Insel.

28 Chamarel

Ein spektakulärer Wasserfall und wundersame Farbspiele der Erde.

Die Straße mit den meisten Kurven auf Mauritius – 70 hat ein Einheimischer gezählt – windet sich vom Ort Grande Case Noyale an der Küste in die bergigen Höhen des Black River Gorges National Park und auf die Plaine Champagne im Inselinneren. Immergrün strotzt die Flora mit Farnen, Ravinal-Palmen und Bananenstauden, wilden Guaven, Bambus und den Aloe-Pflanzen, aus denen Körbe geflochten werden. In Schwindel erregender Höhe über der Küste erreicht man nach rund 3 km den winzigen Ort Chamarel, der bekannt ist für seine Kaffeepflanzungen: Ein französischer Kapitän namens François Regis Chazal de Chama-

Wassersport am Morne Brabant – die Lagune ist ein idealer Tummelplatz für Surfer

Tiefer Fall des Flusses St. Denis – Cascade Chamarel in den Bergen von Rivière Noire

rel hatte die Plantagen im 18. Jh. gegründet, die die Mauritier noch heute mit einheimischem Kaffee versorgen. Auch Palmen, in Reih und Glied stehend, werden hier aufgezogen – als Nachschubquelle für den populären Millionärssalat aus dem Herzen der Palme [s. S. 125]. Und vor nicht allzu langer Zeit wurde zudem noch Haschisch angebaut. Die kleine *Kirche Ste-Anne* am Ortsanfang ist alljährlich am Feiertag Mariä Himmelfahrt (15. August) Ziel vieler katholischer Wallfahrer. Dann verwandelt sich die sonst eher verträumte Ortschaft in einen kleinen trubeligen Jahrmarkt mit vielen bunten Ständen und Imbissbuden.

Chamarel jedoch wird von den meisten Besuchern lediglich passiert, sie fahren weiter südwärts gen Baie du Cap und zweigen bei Cachette nach rechts ab in Richtung Terres des Couleurs, wo sie ein geologisches Phänomen erwartet.

TOP TIPP Zuvor, auf halber Strecke, verleitet die **Cascade Chamarel**, ein beliebtes Fotomotiv, zum Zwischenstopp. Inmitten einer dschungelig wuchernden Landschaft stürzen die Wasser des *Rivière St. Denis* abrupt und ohne Umwege über zerklüftetes Felsgestein in ein tiefes Bassin: 127 m hoch sind die schäumenden Kaskaden, die Pracht der Schweife ist jedoch abhängig von Jahreszeit und Wasserstand.

Etwa 1 km weiter dann das Kuriosum. **Terres des Couleurs** (tgl. 7–17.30 Uhr), die ›Farbige Erde‹ von Chamarel, ist eine etwas launische, gleichwohl viel besuchte Attraktion. Auf einem Hügel leuchtet die nackte, gewellte Erde in verschiedenen Farbnuancen, auf den ersten, flüchtigen Blick ist meist nur Rotbraun zu erkennen. In Glasröhrchen werden die sieben verschiedenen Erdsorten dieses Naturphänomens als Souvenir verkauft: Da schillert es von Ocker über Gelb, Lila, Rosa bis Rot und Rotbraun, sogar Blautöne will manch ein Betrachter festgestellt haben. Wenn man das Glas schüttelt und die Farben durcheinander mischt, soll die farbliche ›Ordnung‹ mysteriöserweise nach einer Weile wie von Geisterhand wieder hergestellt sein …

Wissenschaftler erklären die unterschiedlichen Farbtöne mit dem vulkanischen Ursprung der Erde und ihren Lava- und Mineralablagerungen. Am faszinierendsten entfaltet sich die Farbenpracht allerdings bei Sonnenschein und im Morgenlicht, zu anderen Zeiten könnten die Besucher etwas enttäuscht vor dem kahlen Stück brauner Erde stehen …

i Praktische Hinweise

Restaurants

Le Chamarel, La Crête, Chamarel (ca. 2 km vor Terres des Couleurs), Tel. 4 83 64 21. Großes Ausflugsrestaurant mit luftiger Veranda und herrlichem Blick über die nahe Küstenlinie zwischen Le Morne und Tamarin. Viele Reisegruppen, daher meist internationales, nicht gerade billiges Büfett oder Dreigängemenüs. Viele Wildgerichte und Weine sowie Kaffee von der eigenen Plantage. Für Gruppen wird Reservierung empfohlen (Mo–Sa 12–15 Uhr, So geschl.).

Farbspiel der Erde – in den Terres des Couleurs zeigt die Natur ein buntes Gesicht

29 Black River Gorges National Park (Gorges de la Rivière Noire)

TOP TIPP

Ursprünglicher Urwald, tiefe Schluchten, tosende Wasserfälle – ein Dorado für Naturfreunde und Wanderlustige.

Immer höher schraubt sich die Straße von Chamarel gen Osten, hinauf auf die **Plaine Champagne**, ein rund 740 m hohes Zentralplateau zwischen den Gebirgszügen von Rivière Noire und Savanne. Bei Le Pétrin ist das Verwaltungszentrum des Black River Gorges National Park erreicht, den mehr als 50 km **Wanderwege** durchqueren. Dieses Naturreservat ist mit 6574 ha das landesgrößte Schutzgebiet und bedeckt 3,5 Prozent der Insel. Von der Hochebene wie auch den Rändern der nördlich angrenzenden **Schlucht** des Black River (Rivière Noire) bieten sich zahlreiche unvergessliche Ausblicke auf die umliegenden **Berge**: den inselhöchsten *Piton de la Petite Rivière Noire* (828 m) und den klotzigen *Le Morne Brabant* über dem Meer, die markant gespitzten *Trois Mamelles* (›Drei Brüste‹) und den erhabenen *Montagne du Rempart* (777 m) fern im Norden. Längst erloschene Vulkane haben diese herbe Landschaft mit Schluchten und Flüssen, Kraterseen und Bergkämmen vor Jahrmillionen entstehen lassen. Die Natur hat sie über weite Strecken überwuchert. In den dichten grünen Wäldern, in denen seltene endemische Pflanzen gedeihen, hausen viele der für die Inselnsel typischen Tiere, darunter einige ganz besondere. Kurzum: ein Muss für Naturliebhaber! Die Schwierigkeitsgrade der Wanderwege reichen vom leichten Spaziergang bis zum anstrengenden Trekking mit Höhenunterschieden bis zu 400 m. Mehr als 250 000 Besucher pro Jahr zählen die Parkwächter in diesem Nationalpark. Am eindrucksvollsten ist ein Besuch während der Blütezeit zwischen September und Januar. Wegen der häufigen Regenfälle (3500 mm pro Jahr, meist nachmittags) sind eine Regenjacke und feste Schuhe mit Profil zu empfehlen.

Vom **Pétrin Information Center** an der B 3 führt ein Spazierweg durch den **Macchabée Forest**. Schon im Lauf der ersten 20 Minuten trifft der Wanderer zwischen hohen Hecken und Ravinals auf mehrere Aussichtspunkte in Richtung Piton de la

Petite Rivière Noire, der sich so gar nicht als Allerhöchster präsentiert, eher schon als kleiner Zipfel im Grünen, der sich schüchtern gen Himmel reckt. Vom letzten Panoramapunkt nebst Picknickplatz hat man einen schönen Blick in die Schlucht und auf die Kaskaden der **Black River Falls**. Wer gut zu Fuß oder gar mit dem Mountainbike unterwegs ist, kann ab hier weiter auf und ab durch die Schlucht entlang des Black-River-Flusses und bis zur Küste hinunter wandern (ca. 3–4 Stunden, teils steil abwärts): Die Route verläuft durch dichten, ursprünglichen Regenwald mit bis zu 20 m hohen Baumriesen, darunter die an aufgespannte Regenschirme erinnernden *Bois de Natte*-Bäume, *Eukalyptus*, *Ebenholz* und die einheimischen, äußerst selten gewordenen und robusten *Tambalacoques*, deren silberfarbene, kerzengerade Stämme sogar den stärksten Zyklonen widerstehen. Auch die *Trochetia*, Nationalblume von Mauritius, mit ihren weißen *(T. Triflora)* oder karminroten *(T. Boutoniana)* Blüten und Orchideen sind hier zu entdecken. Nicht ausgeschlossen sind ferner Begegnungen mit Flughunden und Schmetterlingen, Rehen und Wildschweinen – oder aber mit Einheimischen, die roten Pfeffer oder Guavenfrüchte sammeln. Mit Glück erspäht man zudem wilde Affen und seltene endemische Vögel wie den Mauritius-Falken, den Papagei Echo Parakeet (Mauritius-Sittich) oder die Pink Pigeon, die Rosafarbene Taube.

Zapfstelle für durstige Wanderer – die Ravinal-Palme heißt auch Baum des Reisenden

Gefiedert, gerettet und geschützt

Die teils zerklüfteten Berghänge auf Mauritius bieten einem Vogel Lebensraum, dessen Tage vor einem Vierteljahrhundert gezählt schienen: dem einzigartigen **Mauritius-Falken** (Falco punctatus; Kestrel). Lediglich vier Exemplare lebten 1974 noch auf der Insel, die letzten weltweit. Heute sind wieder ca. 800 dieser Tiere mit ihrem gepunkteten Federkleid in der rauen Bergwelt von Mauritius zu Hause – dank Tierschützern wie **Carl Jones**. Der gebürtige Brite hat auf Mauritius seine Lebensaufgabe gefunden. »Als ich ein junger Mann war, wollte ich immer Vögel vor dem Aussterben retten und alle haben gesagt: ›Ach sei doch nicht so verrückt.‹« Jones ist zu Recht stolz auf sein Werk. Er und seine Mitarbeiter der **Mauritius Wildlife Foundation** haben nicht nur den mauritischen Falken gerettet, sondern außerdem die Rosafarbene Taube, den Mauritius-Sittich und viele andere gefiederte Inselbewohner.

Seine Falken kennt der Engländer nach zwei Jahrzehnten wie kein anderer: Ein Pfiff und schon schwebt »eine gute Freundin« heran, um sich den Leckerbissen aus Jones' Hand zu schnappen, ein kleiner toter Spatz. Auf einmal ist er geradezu umzingelt von den seltenen Falken, die es nur noch auf Mauritius gibt. »Diese Tiere zu beobachten ist wie eine Seifenoper«, verrät Jones. »Manche hassen sich, sie fechten Territorialkämpfe aus, sie geben an und sind extrem eifersüchtig. Die Weibchen bringen die Männchen meist um.«

Zuerst wusste der Biologe nichts über die scheuen und bis vor 20 Jahren kaum erforschten Vögel. Jahrelang kletterte er an den Felswänden zu den Nestern, studierte die Paarungs- und Ernährungsgewohnheiten. »Ich wollte in ihr Gehirn hineinschauen, ich wollte sie verstehen!« Erst dann könne man

Wer ab dem dritten Aussichtspunkt im Macchabée Forest denselben Weg wieder nach Pétrin zurückgeht, kann unterwegs einen kleinen Abstecher nach

diese Vögel züchten und retten, versuchte er damals seinen Gegnern klarzumachen, die der Natur lieber ihren freien Lauf lassen wollten. Der Erfolg gab Carl Jones Recht. Heute kommen Ornithologen und Besucher aus aller Welt in den Black River Gorges National Park, um die gefiederten Prachtexemplare zu bewundern. Viele Mauritier haben noch nie einen einheimischen Falken gesehen – den Vogel, der laut Jones demnächst zum **Nationalvogel** von Mauritius ernannt werden soll.

Auch die Population der rosafarbenen **Mauritius-Taube** (Columbia mayeri) war um 1985 auf 15–20 Vögel geschrumpft. Die Ornithologen züchteten rund 100 Exemplare, ließen die Eier von herkömmlichen Tauben ausbrüten und setzten die Jungtiere vorsichtig in der Wildnis aus – mit Erfolg: Mehr als 300 Rosafarbene Tauben zählten die Wissenschaftler zuletzt, die meisten leben auf der geschützten Île aux Aigrettes, im Black River Gorges National Park und rund um Grand Bassin.

Dank der weltweiten Unterstützung durch freiwillige Helfer konnten die mauritischen Tierschützer auch den **Mauritius-Sittich** retten, von dem 1987 nur noch acht auf der Insel lebten – bedroht waren diese Vögel durch Raubtiere, Pilze und Bakterien. Heute sind es 120 Sittiche, die nach der Methode ›sanfte Auswilderung‹ in die Natur entlassen wurden und jetzt mit Nummernreif und Glöckchen durch die Schlucht des Black River flattern.

Nur ein Vogel auf Mauritius ist alles andere als scheu und rückt den Gästen laut lärmend in jedem Hotelgarten zu Leibe: der gelb-schwarze **Maskarenen-Brillenvogel** ist wahrlich unübersehbar.

Der Stolz der Insel – den Mauritius-Falken erwarten nationale Ehren

Sanftes Wesen – selten ist die rosafarbene Mauritius-Taube

Mauritian Wildlife Foundation (MWF), Hauptbüro: Grannum Road, Vacoas, Tel. 6 97 60 97, Fax 6 97 65 12, www.mauritian-wildlife.org.

Das Captive Breeding Center der MWF befindet sich in Grande Rivière Noire an der Westküste, nahe der Polizeistation [s. S. 99].

rechts zu den **Alexandra Falls** machen (6 km) – oder auch ganz bequem von Pétrin mit dem Auto dorthin fahren (ausgeschildert). Vom Aussichtsplateau an diesem rund 50 m hohen Katarakt bietet sich ein grandioses Panorama der Südküste mit Baie du Cap und dem tiefblauen Indischen Ozean im Hintergrund. Nicht weit entfernt liegt der am häufigsten besuchte Aussichtspunkt des Nationalparks, von dem sich rundum eine wunderschöne Bergkulisse in allen Grünschattierungen bewundern lässt. Zur Rechten sieht man den imposanten

Black-River-Wasserfall in die Schlucht schießen.

Abenteuerlustige wird der höchste Berg von Mauritius magisch anziehen. Allerdings sollte man sich nicht wundern, wenn man im Information Center des Nationalparks – ausgerüstet mit Trekkingschuhen, Rucksack und Wasserflaschen – belustigte Blicke erntet: Der **Piton de la Petite Rivière Noire** (auch: Black River Peak) misst ja nur 828 m! Der Aufstieg beginnt ganz in der Nähe der Black-River-Gorges-Ausblicksterrasse und nimmt je nach Kondition 1–2 Stunden in Anspruch (insgesamt 6 km) – lediglich das letzte, recht steile Stück hat es in sich. Besonders Eilige mit guter Kondition haben den Gipfel innerhalb einer halben Stunde erklommen. Nach Regen ist der schmale Pfad etwas schlammig, man klettert über Felsen und umgestürzte Baumstämme. Guavenbäume mit roten Früchten und *Ravinal-Palmen* stehen Spalier. Wegen ihrer Fähigkeit, Wasser zu speichern, wird die Ravinal auch der ›Baum des Reisenden‹ genannt; man kann an einigen Bäumen die ›Zapfstellen‹ an den Ansätzen der fächerförmig aufgespaltenen Blätter sehen. Schließlich belohnen die Aus- und Fernblicke vom Gipfel die Wanderer. Der Le Morne Brabant an der Küste versperrt teils den Blick aufs Meer, ein fast quadratischer Koloss, zu dessen Füßen sich das Hotel Les Pavillons schmiegt [s. S. 85].

TOP TIPP

Speicherseen in Höhenlage

Von Pétrin aus können außerdem das in der Hochebene gelegene **Mare Longue Reservoir** und weiter nördlich, nahe Curepipe, die 250 m tief stürzenden **Tamarind Falls** mitsamt ihrem Reservoir zu Fuß besucht werden (ca. 3 Stunden, ausgeschildert, mit dem Auto erreichbar über das Dorf Henrietta, s. S. 105). Die Wassermassen dieses Katarakts speisen das größte Wasserkraftwerk der Insel.

Mit dem Auto nach Norden Richtung Vacoas gelangt man schnell zum größten See des Landes. Hinter einem hohen Damm und von Kasuarinen umgeben verbirgt sich das **Mare aux Vacoas**. Sein Wasser dient nach der Aufbereitung zwei Dritteln der Bevölkerung als Trinkwasser. Nach der verheerenden Dürre 1999 war das Reservoir fast völlig leer und der Wasserstand stieg erst nach zwei Zyklonen wieder an.

Etwa 3 km südlich von Pétrin beginnt schließlich ein leichter Weg, der die Wanderer zum idyllischen Kratersee **Bassin Blanc** bringt (4 km, auch per Auto).

i Praktische Hinweise

Information

Le Pétrin Headquarter and Information Center, Black River Gorges Natio nal Park, an der Kreuzung B 3 und der Abzweigung nach Grand Bassin,

◁ *Schauen beim Speisen – das vorzügliche Höhen-Restaurant Varangue sur Morne auf der Plaine Champagne hat die gesamte Südwestecke von Mauritius im Blick*

Tel. 4 64 40 16 (Hauptbüro in Réduit). Eine kleine Fotoausstellung gibt einen Überblick über Flora und Fauna des Nationalparks, auch Kartenmaterial ist hier zu erhalten (Mo–Fr 7–15.15, Sa 7–10.45 Uhr). Ein weiteres Visitor Center befindet sich im Norden in Küstennähe bei Petite Rivière Noire (Anfahrt von der Küste über die B 9).

Restaurant

TOP TIPP **Varangue sur Morne**, 110, Route Plaine Champagne, Chamarel (ca. 3 km vom Black-River-Aussichtspunkt an der Straße nach Grande Case Noyale), Tel. 4 83 57 10. Das rustikale Verandalokal im Kolonialstil (275 Plätze) thront in einem Garten steil über der Landschaft. Unvergleichlich ist das fantastische Panorama über die gesamte Südwestecke der Insel, inklusive Baie du Cap im Süden und Le Morne im Westen. Hinzu kommen hervorragendes Essen und ein Souvenirshop (tgl. 12–15 Uhr).

30 Grand Bassin

In der ›Nacht Shivas‹ strömen Tausende an den heiligen Kratersee.

Der östlich von Le Pétrin gelegene Kratersee Grand Bassin erfüllt religiöse Bedürfnisse und ist jedes Wochenende so-

Grand Bassin zieht Hindus an – Tempel und Schreine säumen den heiligen Kratersee

wie feiertags umlagert von betenden Menschen. Wer sich ein Bild von der lebendigen Religiosität und den Zeremonien der mauritischen Hindus machen möchte, sollte sich an den Feiertagen unter die Zehntausenden Gläubigen mischen. An Pilgerfesten wie dem **Maha-Shivaratree-Fest** (›die Nacht Shivas‹) im Februar/März ziehen endlose Menschenschlangen an diesen Heil versprechenden Ort – mehr als 300 000 Pilger! Man sagt, dies sei das größte hinduistische Fest außerhalb von Indien. Während der Woche herrscht dagegen meist idyllische Ruhe und der Besucher hat den See fast für sich allein.

Auf jeden Fall sind an diesem heiligen Ort die Bekleidungsvorschriften zu beachten: Shorts, Miniröcke und Trägerhemdchen sind verpönt und die Schuhe muss man vor den Tempeln ausziehen, denn hier sind schließlich zahlreiche Hindu-Götter versammelt.

Der Komplex **Shiv Jyotir Lingam Mandir** schließt ein weitläufiges Gelände um den gesamten See herum mit Tempelanlagen auf zwei Hügeln und unzähligen kleinen Opferschreinen am Ufer ein. Wer alle Schreine mit den 36 Götterstatuen und Hindu-Figuren besichtigen und den See umrunden möchte, sollte genügend Zeit einplanen.

Laut Legende ist der **Ganga Talao** mit dem heiligen Fluss Ganges in Indien verbunden. Gott **Shiva**, der Zerstörer des Bösen und Retter der Menschheit, und seine Gemahlin **Parvati** waren einst auf einer Schiffsreise um die Erde und machten in Mauritius Halt, um die Schönheit dieses kleinen Paradieses inmitten des Indischen Ozeans zu genießen. Dabei trug Shiva den Fluss **Ganges** auf seinem Kopf, um die Erde vor Überschwemmungen zu bewahren. Doch die Landung auf der Insel Mauritius war etwas unsanft und so verschüttete Shiva Wasser des Ganges in ein Kraterloch – so entstand Grand Bassin.

Seit mehr als 100 Jahren zieht es die Gläubigen nun schon an den See und manch einer will die von allen Hindus ersehnte Erleuchtung hier erlangt haben. In den 1970er-Jahren gossen Pilger das mitgebrachte Wasser des Ganges in den kleinen Kratersee und so hat der Ganga Talao (›See des Ganges‹) seinen Namen wirklich verdient.

Vor dem **Haupttempel** am Ufer wachen der Affengott *Hanuman* und die Mutter *Ganga*, Symbolbild des heiligen indischen Flusses. Im Tempelinneren sind die Göttergestalten der Hindu-Mythologie in verschiedenen Räumen anzutreffen, mit goldenen Gewändern

Beten und Opfern – die Tempel des Grand Bassin werden auch außerhalb der großen Hindu-Feste von Gläubigen aufgesucht

Hindu-Feste – Cavadee und Divali

Wer das Hindu-Fest **Cavadee** auf Mauritius miterlebt, traut zunächst kaum seinen Augen: Da laufen die Gläubigen **halb nackt** in ›Schuhen‹ aus Nägeln (mit nach oben gerichteten Spitzen!) und ihre Haut ist **durchbohrt** mit Nadeln, Haken und Pfeilen. Ein junger Mann mit kahl geschorenem Kopf und heiliger Asche auf der Stirn trägt das schwere **Cavadee-Gestell** auf seinen nackten Schultern – mit Pfauenfedern, Palmwedeln und Milchschalen behangen – und murmelt geistesabwesend ein Mantra vor sich hin. Der Mund eines Pilgers hinter ihm ist mit gesegneten Nadeln ›versiegelt‹ – für die stumme Zwiesprache mit **Murugan**, dem kriegerischen Hindu-Gott. Andere tanzen sich hemmungslos in Ekstase, einer zieht einen **Radhum-Karren** hinter sich her, aufgehangen mittels Haken an seinen Hüften. »Arora arora, Murugan«, ertönen die Gebete zu Ehren des Gottes.

Die hinduistischen Pilger wollen mit diesen archaischen Ritualen ihre Gelübde einhalten und Buße tun. Die Gesichter drücken nur selten Schmerz aus, eher eine gewisse Abwesenheit, denn die meisten Gläubigen sind in **Trance**. Nach zehntägiger Vorbereitung durch Fasten und Meditation, sexueller Enthaltung sowie jahrelangem Yoga bringen sich die Hindus allmählich in diesen Bewusstseinszustand. Nur so lassen sich die Schmerzen ertragen und es wird vermieden, dass Blut fließt. Wissenschaftler erklären den Vorgang mit der absoluten **Beherrschung** der Körperfunktionen – Atmung, Kreislauf, Nervensystem und Herzrhythmus. Die Hindus sagen, ihr Gott Murugan beschütze sie.

Nachdem sie dreimal den Tempel umrundet haben, gießen sie frische **Kuhmilch** aus den Schalen über das Bildnis Murugans: **Pal Avisegum**, das Milchbad. Die Milch symbolisiert das Leben, sie darf keinesfalls auf der Pilgertour sauer werden, deswegen beeilen sich die Büßer auf dem Weg vom Flussufer zum Tempel. Dort zieht schließlich der Priester die Nadeln aus dem Körper der Gläubigen und erlöst sie von den Qualen – wenn dabei kein Blut fließt, hat Murugan das Opfer akzeptiert und die Schuld ist gesühnt. Dann können die sieben verschiedenen Currys verspeist werden, die zwischenzeitlich die Ehefrauen zubereitet haben.

Tragen und Leiden mit Nadeln und Haken – Bußfest Thaipoosam Cavadee

Mehrmals im Jahr finden kleinere Cavadee-Zeremonien mit Prozessionen im ganzen Land statt, doch das spektakulärste Hauptfest **Thaipoosam Cavadee** wird nach der Berechnung eines Priesters alljährlich Ende Januar/Anfang Februar begangen.

Vergleichsweise unspektakulär und ungefährlich ist das **Lichterfest Divali** im Oktober/November, ein Fest der Freude. Mit Tausenden von Kerzen und Teelichtern, bunten Glühbirnenketten und Öllampen verwandelt sich die Insel in ein Lichtermeer: Hauseingänge, Fenster, Gärten und die Straßen sind illuminiert, Feuerwerke erleuchten den Himmel. Es ist die Zeit der **Danksagung** an die Götter, sei es für eine gute Ernte, gute Zensuren in der Schule oder erfolgreiche Geschäfte. Das Fest erinnert an verschiedene mythologische Ereignisse im hinduistischen Götter-Pantheon, etwa an die Befreiung von Lakshmi, der Göttin des Reichtums, aus den Klauen des Dämonen Bali.

Götter im See – Affengeneral Hanuman und Mutter Ganga (im Hintergrund rechts) wachen vor dem Haupttempel des Grand Bassin

und bunten Tüchern bekleidet und an Feiertagen über und über mit Blumenketten behangen: der phallusartige und mit Blüten überhäufte *Lingam* als Symbol der göttlichen Energie Shivas (hier mit goldenem Kobra-Haupt dargestellt), *Vishnu* und Gemahlin *Lakshmi*, *Krishna* (eine Inkarnation von Vishnu), *Durga*, die Zerstörerin des Bösen, ein *Buddha* (er gilt als Wiedergeburt von Shiva), der Shiva-Sohn *Ganesh* mit seinem Elefantenkopf, *Parvati* und der dreiköpfige Shiva-Sprössling *Kartika* (auch Murugan und Skanda).

Wie am Ganges pilgern die weiß gekleideten Hindus aus allen Landesteilen beim Maha Shivaratree drei Tage lang ans Ufer des Grand Bassin: Sie schöpfen das heilige Wasser in goldenen Bechern, Flaschen und sogar Plastiktüten, benetzen die eigene Stirn und gießen es Shiva über den Kopf oder über den Phallus, den Shiva Lingam, als Zeichen ihrer Verehrung; sie umrunden betend die Schreine und Statuen – dabei halten sich die Familienmitglieder aneinander fest, damit die Kraft und der Segen Shivas auf alle übergeht. Überall brennen Öllampen, der See ist über und über bedeckt mit treibenden Blüten. Betende stehen knöcheltief und in sich versunken im Wasser, andere drängen sich am Ufer, Blumen im Haar, die Öllampe weit vorgestreckt in Händen. Räucherstäbchen glimmen über Reis und Obstgaben auf Bananenblättern – halbe Kokosnüsse, Bananen, Äpfel –, hinzugefügt werden andächtig die Blätter des heiligen Bilwa-Baumes und die eine oder andere Rupie-Münze. Viele Gläubige tragen auf ihrer Wallfahrt die farbenprächtigen *Kanwar*-Gestelle auf den Schultern, die aus Bambus bestehen und mit Seidenpapier und Spiegeln, Blumengirlanden, Fahnen, Shiva-Bildern und seinen Insignien (wie dem Dreizack) geschmückt sind. Die Kanwars entsprechen dem Cavadee-Joch des Büßerfestes Thaipoosam Cavadee. Bei einbrechender Nacht tauchen unzählige Öllämpchen den See in ein geheimnisvolles Licht, eine meditative Atmosphäre, der man sich kaum entziehen kann.

31 Bois Chéri

Zur ›Teatime‹ in die Berge.

Inmitten eines schier endlosen Meeres in Grün – saftige Teesträucher haben auf der Fahrt von Grand Bassin nach Osten die Zuckerrohrhalme abgelöst – lohnen **Teefabrik** und **Museum** (Tel. 6179109,

Mo–Sa 9–15.30 Uhr) von Bois Chéri einen Besuch. Hier landen die Teeblätter von der größten Plantage der Insel, 75 Prozent des mauritischen Tees werden in den Feldern rund um Grand Bois geerntet und weiterverarbeitet, 650 t jährlich. Am frühen Morgen kann man die **Teepflückerinnen** bei der Arbeit in den Feldern beobachten, wie sie geschickt und flink nur die obersten jungen Blätter ernten und in den Korb auf ihrem Rücken sammeln – zwei Körbe muss jede Arbeiterin bis gegen Mittag füllen, das ergibt pro Tag in der Fabrik bis zu 30 t Teeblätter.

Etwa 4 kg frische Blätter ergeben 1 kg Tee. Bei Führungen in dem modernen Gebäude wird der **Herstellungsprozess** des Genussmittels erläutert: Die Blätter werden getrocknet, fermentiert und mehrfach sortiert – zehn qualitativ unterschiedliche Teearten stammen aus Bois Chéri und gelangen als Exportprodukte nach Europa und Südafrika.

Das kleine Museum stellt allerlei **Historisches** zur Teewirtschaft aus, beispielsweise eine alte Dampfmaschine und Blechbüchsen mit königlichem Konterfei. 1770 wurde die Teepflanze durch Gouverneur **Pierre Poivre** auf Mauritius eingeführt, seit 1892 pflanzt man Tee in Bois Chéri. Außerdem können Gewächshäuser mit rot blühenden **Anthurien** und Vanilleranken besichtigt werden. Eine kleine Tee-Kostprobe schließt den Besuch ab, selbstverständlich können Tees (mit Vanille-, Pfefferminz-, Kokos- und Früchtearoma) sowie Blumen und Vanille hier auch erstanden werden.

Saftiges Grün – der rund um Bois Chéri geerntete Tee wird auch exportiert

i Praktische Hinweise

Restaurant

Le Saint Aubin, Rivière des Anguilles, Tel. 6 26 15 13. Ein hübsches Kolonialhaus mit antiken Möbeln, erbaut 1819, lädt zu mauritischen Speisen auf der Veranda ein (So geschl.).

Die Teefabrik von Bois Chéri informiert über die Teeherstellung einst und jetzt

Der Westen und das Hochland – Voraussage: feuchtfröhlich!

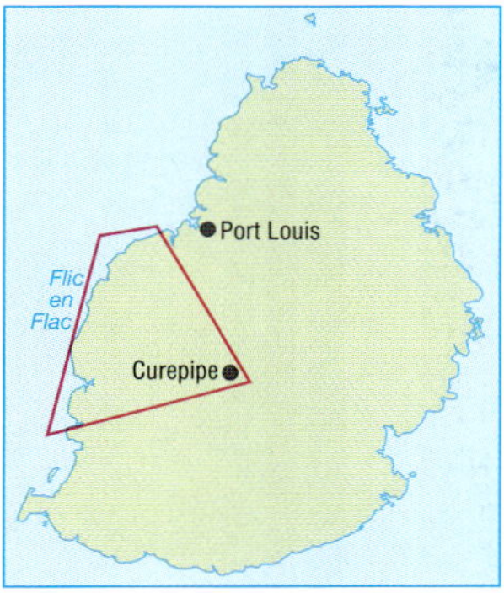

Was des einen Freud, ist bekanntlich des anderen Leid. Während sich die Urlauber an den sonnenüberfluteten Stränden vergnügen und mit **Flic en Flac** das mittlerweile drittgrößte Ferienzentrum aus dem Inselboden schoss, ziehen viele Mauritier das kühlere **Hochland** zum Wohnen vor. Für Mitteleuropäer vollkommen unverständlich, denn: Rund um die Stadt **Curepipe** regnet es fast pausenlos. Was liegt näher als ein Einkaufsbummel?! Nicht nur bei Regen lässt es sich in den vielen modernen **Einkaufszentren** auf dem Hochplateau hervorragend stöbern und das eine oder andere Schnäppchen erstehen: Antiquitäten, Schiffsmodelle, Seidensaris oder Schmuck warten auf kauffreudige Kunden. Und das Kasino, die Bars und **Diskotheken** locken sogar Nachteulen aus den Strandhotels ins Hochland.

Alle Aktivurlauber haben an der Westküste mit der nahen Bergwelt die Qual der Wahl: Soll man sich aufs **Surfbrett** wagen oder sich im Kampf mit dem Marlin beim **Hochseewettfischen** messen, einen der vielen herausfordernden **Berggipfel** bezwingen oder lieber geruhsam den **Golfschläger** schwingen?

32 Baie du Tamarin und Grande Rivière Noire

Küstenabschnitt mit idealen Bedingungen zum Surfen, Tauchen, Hochseefischen.

Die Tamarinde mit ihren säuerlichen Früchten hat der gehörig in die Westküste einschneidenden Bucht ihren Namen gegeben: Baie du Tamarin. An dem schmalen, ruhigen Strand, von dichtem Filaowald gesäumt, münden die Flüsse Tamarin und Rempart. Letzterer entspringt am Fuß des mächtigen **Montagne du Rempart** (das 777 m hohe ›Bollwerk‹), der im Hintergrund inmitten grüner Zuckerrohrfelder seine imposante Felsnase in den blauen Himmel reckt. Auf die eigenwillige Silhouette bezogen, schwärmen die Einheimischen nicht zu Unrecht vom ›Matterhorn auf Mauritius‹.

Da die Berge des Hinterlandes Regen abhalten und das Meerwasser zudem stark salzhaltig ist, wird an diesem trockenen Küstenstrich in rechteckig gemauerten **Salinenbecken** Salz durch Verdunstung gewonnen, übrigens bereits seit der französischen Kolonialzeit. Vor mehr als 100 Jahren schon erzeugten die Seeleute das Salz zum Einpökeln von Fleisch auf die gleiche Weise wie heute. Und noch immer werden hier pro Jahr 2500 t Salz produziert.

Einen Namen über die Landesgrenzen hinaus hat sich die Bucht von Tamarin mit ihren hohen Wellenbrechern gemacht – als Dorado für **Surffreaks**. Gewiss kann sie sich nicht mit hawaiischen Surfermekkas messen, doch bis zu 2 m hohe Wellen wurden auch hier schon ›beritten‹. Beste Surfzeit soll im Juni und Juli sein. Allerdings ist auf den launischen Indischen Ozean nicht immer Verlass, manchmal herrscht monatelang Flaute und manch einer sitzt dann gelangweilt auf seinem Surfbrett.

In solchen Fällen können verhinderte Wellenreiter und (wasserscheue) Bergsteiger den einige Kilometer südlich bei

◁ **Oben:** *Eine Spitzenleistung der Natur – die bizarren Gipfel der Trois Mamelles (vorne) und des Montagne du Rempart in Blau getaucht und grün gerahmt*
Unten: *Beach Life mit Volleyball – Flic en Flac ist ein trubeliger Strandort an der Westküste*

Salzgewinnung in Tamarin – der Rohstoff deckt den Bedarf der gesamten Insel

La Preneuse gelegenen **Tourelle du Tamarin** erklimmen. Vom 548 m hohen Gipfel bietet sich ein reizvoller Rundumblick über die Küste und das Hinterland; auch Luftsegler starten von hier zum ›Ritt‹ durch die Lüfte (mit dem La Tourelle Paragliding Club). Den etwa dreistündigen Aufstieg auf den steilwandigen, fast senkrechten Gipfel des **Montagne du Rempart** im Norden sollten dagegen nur erfahrene Felskletterer mit Seil wagen. Die östlich anschließenden Spitzen der **Trois Mamelles** werden am besten vom Hinterland ab Quatre Bornes erobert. Am einfachsten von allen Bergen dieser Küste ist der nicht weniger imponierende **Corps de Garde** (719 m) zu besteigen (von Rose Hill nach Südwesten über das Dorf Stanley, ca. 3 Stunden).

Spielend leicht kommt man auf den *Martello Tower* hinauf, nahe beim öffentlichen Sandstrand von **La Preneuse** (ausgeschildert, Abzweig in Grande Rivière Noire). Hier an der Küste finden sich einige dieser massiven Wehrtürme mit Kanonen aus der kriegerischen Zeit – sie wurden von Franzosen und Engländern zu Beginn des 19. Jh. erbaut. Der Rundturm von La Preneuse, der über die **Baie de la Grande Rivière Noire** wacht, ist restauriert worden, sodass man das Monument auf einer Leiter bis zur 10 m hohen Plattform besteigen kann.

Der andere Martello Tower, jenseits der Bucht an der Batterie de l'Harmonie am Pointe Koenig, soll mitsamt der erhaltenen, recht schlichten Festung zu einer Kunstgalerie mit Ausstellungen und das Areal für Freiluftkonzerte umfunktioniert werden.

Fische zuhauf!

In dem ruhigen Fischerort **Grande Rivière Noire** zu Füßen des Tourelle du Tamarin treffen sich alljährlich zwischen November und März/April die **Hochseefischer** aus aller Welt, denn in den küstennahen Gewässern halten sich, in nicht geringer Zahl, Thun- und Schwertfische (bis zu 200 Pfd. schwer), Wahoos, Bonitos

Palmen am Matterhorn? – der ›hochnäsige‹ Montagne du Rempart reckt sich so markant in den Himmel, als wäre er ein entfernter Verwandter der Walliser Alpen

und Dorados, Barrakudas, Haie und Marlins auf (der Marlin-Rekord liegt bei 1355 Pfd.!). Der Meeresboden fällt hier noch in Sichtweite vom Ufer steil in bis zu 600 m Tiefe ab. Wegen des Fischreichtums und der markanten Felsengebilde wird die Unterwasserwelt dieses Küstenabschnitts auch von **Tauchern** geschätzt. In diesen fantastischen Gründen entdeckt man Korallen, farbig wie Blumensträuße und geformt wie Blumenkohl, fächerförmige Gorgonias, Schwämme in allen Regenbogenfarben, stachelige Seeigel und Riesenmuscheln, die hungrig ihre ›Münder‹ öffnen. Und dann die Fische – kunterbunt, mit Streifen, gepunktet, Fische im neongrellen Outfit, aber auch abschreckende Muränen. Sogar Delphine und Wale sollen sich in dieser Region öfter blicken lassen und die Ausflugsboote und Katamarane begleiten. Von Grande Rivière Noire aus kann auch die Île aux Bénitiers per Boot erreicht werden [s. S. 84].

i Praktische Hinweise

Wassersport

Centre de Pêche La Carangue, Grande Rivière Noire, Tel. 7 29 91 50. Hochseefischer treffen sich in diesem Verein, der mit sechs Hochseejachten ausgestattet ist.

Vogelbeobachtung

Captive Breeding Center der Mauritius Wildlife Foundation, Grande Rivière Noire, Tel. 6 97 60 97, www.mauritian-wildlife.org (Hauptbüro in Vacoas). Wer wenig Zeit hat und trotzdem einen echten Mauritius-Falken oder Mauritius-Sittich zu Gesicht bekommen möchte, kann sein Glück bei der staatlich geförderten Zuchtanlage der MWF versuchen. Telefonische Anmeldung erforderlich, da normalerweise kein Besucherverkehr [s. S. 88 f.].

Hotels

Island Sports Club, La Balise, Grande Rivière Noire, Tel. 6 83 53 53 und 6 83 67 68, Fax 6 83 65 47, islsprt@intnet.mu. Etwas dicht gebaute Reihenzimmer mit Balkon oder Terrasse zum Garten – teils Meer-, teils Bergblick. Swimmingpool und Strand, das reiche Wassersportangebot hat auch Unterwasserspaziergänge im Programm. Das Restaurant bietet Spezialitäten aus dem Orient und aus Europa.

Hoch die Flossen – Hai und Barrakuda gingen vor der Westküste an die Angel

Tamarin, Tamarin Bay, Tel. 4 83 69 27, Fax 483 65 81, www.blue-season-hotels.com. Schlichtes, preiswertes Hotel in einem schönen Garten, keine 50 m vom Strand entfernt, 71 kleine Balkon- oder Terrassenzimmer mit Klimaanlage und Telefon. Familiäre Atmosphäre, viele Angler als Stammgäste. Restaurant und Pool.

33 Casela Bird Park und Yemen Reservat

Bunt Gefiedertes aus allen Erdteilen in einem Park mit schöner Aussicht.

Im Casela Bird Park und Yemen Reservat (6 km nördlich von Tamarin, östlich der Straße; tgl. 9–17, Okt.–März bis 18 Uhr) kreucht und fleucht so manches, was zwei, vier oder auch mehr Beine hat. Die Hauptattraktion dieses weitläufigen Tierparks ist jedoch das farbenprächtige tropische Federvieh aus aller Welt, das in Gehegen oder auch beim Freiflug übers Gelände bewundert werden kann. Allerorten piepst und plärrt, zwitschert und trillert es.

Insgesamt sind **150 Vogelarten** vertreten: schneeweiße Kakadus und schillernde Papageien – knallbunte bis phosphorisierende Exemplare! –, herumstolzierende Fasane und stolze Adler, weiße und schwarze Schwäne, glupschäugige Eulen, Flamingos in zartem Rosé, Straußenvögel mit langen Beinen und Nashornvögel mit enormen Schnäbeln. Stars unter den fast 3000 Vögeln sind die wunderschönen, in freier Wildbahn höchst seltenen endemischen **Mauritius-Sittiche** und die **Rosafarbenen Tauben** [vgl. S. 89].

Aber – wie bereits angedeutet – nicht nur Ornithologen kommen hier auf ihre Kosten. Auch ganz andere Exemplare der Tierwelt begeistern in diesem herrlichen Park- und Gartengelände die Besucher. Exotisches wie die australischen **Wallabys** (kleine Kängurus), bengalische **Tiger** und **Panther**, aber auch **Fliegende Hunde**, uralte **Riesenschildkröten**, **Affen** und **Rehe** gehören zum lebendigen Inventar des Zoos. Kinder dürfen in einer Manege auf Ponys reiten, die Eltern können sich derweil erholen auf Bänken unter Palmen und Bambus, Ficusbäumen mit gigantischen Wurzeln, knorrigen Bäumen mit Lianengewächs und Hibiskusblüten, sie können die herrliche **Fernsicht** Richtung Baie du Tamarin genießen oder auch versuchen, die stummen Bewohner des Karpfenteichs zu zählen.

Hängepartie im Casela Bird Park – Fliegende Hunde sind mitunter auch schlafende Hunde

Praktische Hinweise

Restaurant

Le Mirador, im Casela Bird Park, Tel. 4 52 08 45. Das Verandarestaurant auf einem Hügel mit schöner Aussicht auf den gleichnamigen Berg und die Westküste bietet Snacks und Currys an.

34 Flic en Flac

Zentrum der Sonnenanbeter mit besonders langem Strand, vorzüglichen Badebedingungen und großartigem Sportangebot.

Aus dem einstigen **Fischerdorf** Flic en Flac am Rande der Sümpfe ist ein lang gezogener, attraktiver Urlaubsort mit Hotels, Apartmenthäusern (nicht immer sehr ansehnlich), Villen, Einkaufszentren, Boutiquen und Lokalen geworden. Der schier endlose **Strand** reicht im Süden bis zur Bucht von Tamarin, am Wochenende treffen sich am öffentlichen Strandstück die Mauritier zwischen Kasuarinen und Imbisswagen am Meer und laben sich an Eiscreme, Currys und Chutneys. **Taucher** werden vom steil aus dem Meeresboden ragenden Wrack ›Tug II‹ und der riesigen ›Kathedrale‹, einer Höhle in 27 m Tiefe, wie magisch angezogen, ebenso von Tausenden bunten Fischen, die die Gewässer beleben. Abends taucht die untergehende Sonne die Küste in ihr orangerotes Licht. Bald darauf leuchten die Lagerfeuer an den Hotelstränden: **Sega-Time**. Die anmutigen Tänzerinnen – stets mit Blume im Haar – schwingen die Hüften zu der traditionellen, mitreißenden Musik [vgl. S. 112].

Richtung Hauptstadt

Auf dem Weg ins nördlich gelegene **Médine** sind linker Hand, nahe der heutigen Zuckerfabrik, einige Ruinen und Türme des historischen Zuckerwerks Anna zu entdecken. Über das hübsche Städtchen **Bambous** am Fuße des mächtigen Bergstocks *Corps de Garde* (719 m) und vorbei am Wasserreservoir *La Ferme* erreicht man nach einigen Kilometern durch Zuckerrohrfelder den Küstenort **Albion**, wo ein Leuchtturm seine Lichtzeichen übers Meer schickt (bei Pointe aux Caves). Nicht weit nördlich erstreckt sich der Strand von **Pointe aux Sables**: Der Ort mit den eher hässlichen Wohnblocks hat einen kleinen öffentlichen *Badestrand* mit Fischerbooten, Bänken unter Kasuarinen und einem Fernblick auf den Hafen von Port Louis.

Praktische Hinweise

Information:

Flic en Flac Tourist Office, Coastal Road, Flic en Flac, Tel. 4 53 93 89, Fax 4 53 84 16, www.fftourist.com

Hotels

Klondike, Flic en Flac, Tel. 4 53 83 33, Fax 4 53 83 37. Wunderschöne spitzgiebelige Reihenhäuschen mit kolonialem Touch, Meerblick von Balkon und Terrasse der 20 Zimmer, 11 Mehrzimmerbungalows im ruhigen Garten. Felsiger Strand, aber hübscher kleiner Pool. Tauchschule.

La Pirogue, Wolmar, Flic en Flac, Tel. 4 53 84 41, Fax 4 53 84 49, www.lapirogue.com, Tel. in Deutschland: 0 61 71/6 36 00, Fax 0 61 71/63 60 90. Originell-rustikale Chalets aus Stein mit Strohdach im weiten Palmengarten, familienfreundlich. Kasino, Tennis, Hochseeangeln. Sega-Show am Strand mit Lagerfeuer.

Manisa, Coastal Road, Flic en Flac, Tel. 4 53 85 58, Fax 4 53 85 62, www.manisahotel.com. Zweistöckige strohgedeckte Bungalows mit 50 schlichten Zimmern im Garten. Pool und Nachtklub.

Nilaya, Flic en Flac, Tel./Fax 4 53 90 37. Gartenanlage mit Apartments inklusive Küche zur Selbstverpflegung.

Pearle Beach, Wolmar, Flic en Flac, Tel. 4 53 84 28, Fax 4 53 84 05, pearle@intnet.mu. Mittelklassehotel mit Pool und Open-Air-Restaurant über dem Strand. Die Zimmer sind teils mit Meerblick, auch Doppelbungalows vorhanden.

TOP TIPP **Sugar Beach Resort**, Wolmar, Flic en Flac, Tel. 4 53 90 90, Fax 4 53 91 00, www.sugarbeachresort.com, Tel. in Deutschland: 0 61 71/6 36 00, Fax 0 61 71/63 60 90. Im Stil an die Plantagenarchitektur vergangener Tage angelehnt, lässt dieses Luxusresort mit 238 Zimmern am langen Sandstrand keine Wünsche offen. Restaurants, Fitnesscenter, Kinderklub, Wassersport und Abendunterhaltung erwarten die Gäste.

The Sands Resort, Wolmar, Flic en Flac, Tel. 4 03 12 00, Fax 4 53 53 00, www.thesands.info. Eines der wenigen All-inclusive Hotels auf Mauritius hat sich als Hideaway für Paare spezialisiert. Das neue angenehm ruhige 4-Sterne-Hotel bietet 94 komfortabel ausgestattete, sehr geräumige Zimmer mit Blick auf die Lagune oder die Bucht von Tamarin, schöner Strand, Spacenter.

Erkundung am Wrack – ein einsamer Wanderer im Reich der Stille

Villas Caroline, Royal Road, Flic en Flac, Tel. 4 53 84 11, Fax 4 53 81 44, caroline@intnet.mu. Kreolisch inspirierte Architektur: zweistöckige Villas mit 78 gemütlichen Zimmern, Balkonblick über den breiten Strand, zwei Bungalows. Beliebtes Terrassenlokal, Pool, Wassersport, Glasbodenboote.

Restaurants

Ah Youn, Royal Road, Flic en Flac, Tel. 4 53 90 99. Chinesisch-Kreolisch-Europäisches mit Meerblick.

Citronella's Café, Sugar Beach Resort, Wolmar, Flic en Flac, Tel. 4 53 90 90. Dem Pizzabäcker auf die Finger schauen: Im Restaurant des Luxushotels wird mediterrane Küche vom Feinsten serviert, große Weinauswahl.

Moti Mahal, Hotel Villas Caroline, Royal Road, Flic en Flac, Tel. 4 53 84 11. Speisen wie beim Maharadscha: Kochkünstler aus dem Norden Indiens sind hier am Werk. Unbedingt reservieren.

Ocean, Royal Road, Flic en Flac, Tel. 4 53 85 49. Freundliches und helles Restaurant mit Veranda, serviert vorwiegend chinesische Gerichte, viel Seafood.

Sea Breeze, Royal Road (im Zentrum), Flic en Flac, Tel. 4 53 92 41. Peking-Ente, Hot Pot, viel Meeresfrüchte und Fisch.

35 Curepipe

Plan Seite 104

Ballungszentrum in Hochlage mit Verlockungen zum Kaufen, Essen und Spielen. Abwechslung versprechen Besuche des botanischen Gartens, des Vulkankraters Trou aux Cerfs und der (weiter entfernten) Tamarind Falls.

›Curer la pipe‹ – das taten die Reisenden hier, wenn die Kutschen von Ost- nach West-, von Nord- nach Süd-Mauritius im Hochland eine Pause einlegten: die Pfeife reinigen. Die Siedlung Curepipe entstand nach der verheerenden Malariaepidemie der Jahre 1866/67, als Tausende aus dem stickig-schwülen und mückenverseuchten Port Louis ins kühlere Hochland umzogen. Die Briten ließen sogar eine **Eisenbahnlinie** nach Curepipe bauen, die vor gut 40 Jahren wieder stillgelegt wurde. Heute leben in Curepipe ca. 79 000 Menschen.

Um keine allzu großen Erwartungen zu wecken: Curepipe ist nicht gerade eine architektonische Schönheit und die meisten Besucher sehen die Stadt auf dem Hochplateau und ihre wenigen Attraktionen ohnehin nur durch einen grauen Regenschleier. Tage ohne **Nieselregen** sind in fast 600 m Höhenlage selten und bei 3000 mm Regen pro Jahr ist ein Regenschirm beim Stadtbummel durchaus empfehlenswert. Weder Curepipe noch seine mittlerweile zusammengewachsenen Nachbar- und Vorstädte **Floréal** (die Villenstadt), **Vacoas**, **Phoenix**, **Quatre Bornes**, **Rose Hill** und **Beau Bassin** bieten touristische Höhepunkte.

Die Straße steigt von Port Louis oder Flic en Flac an der Westküste stetig an zur Hochebene, nicht selten steht man mit angezogener Handbremse im Stau. Den Blick zieht ab und zu eine schöne alte Backsteinkirche oder Kathedrale auf sich, aber die eigentliche Anziehungskraft geht von den **Einkaufszentren** und **Märkten** aus: Beim Bummeln und Stöbern an billigen Krabbeltischen oder in exklusiven Läden kann man hier leicht fündig werden. Auch nach Ladenschluss geht im Hochland noch die Post ab: Im **Kasino** von Curepipe flackern die Lichter an den Spielautomaten und die Barmänner in den **Diskotheken** schütteln bis spät in die Nacht ihre Cocktailshaker. Einige sehr gute **Restaurants** in und um Curepipe

Im Vogelflug über die Westflanke von Mauritius – auf brettebener Hochfläche breitet sich zwischen kantigen Bergen Curepipe mit seinen Vororten aus

Geradezu herrschaftlich wirkt das Rathaus von Curepipe, ein hölzernes Gebäude im Kolonialhausstil vom Beginn des 20. Jahrhunderts

verwöhnen ihre Gäste mit kulinarischen Spezialitäten. Kein Wunder, denn in Floréal haben die meisten ausländischen Botschafter und Mauritier aus der Oberschicht ihre eleganten Wohnsitze hinter hohen Hecken.

In Curepipe sind einige schöne **Villen** aus Holz im typisch kreolischen Stil zu bewundern, die den Bauboom in Beton glücklicherweise überlebt haben, besonders in der Umgebung der **Sir John Pope Hennessy Street** ❶. Meist sind es charmante Blockhäuschen inmitten verwilderter tropischer Gärten oder auf ordentlich gemähten englischen Rasen. Oft tragen sie Ecktürme, schmiedeeisernes oder geschnitztes Zierwerk und Balustraden schmücken die Fassaden, Korbmöbel stehen einladend auf säulenbestückten Veranden oder im Wintergarten. Curepipes **Rathaus** ❷ (Hôtel de Ville, Royal Road) im Kolonialhausstil, 1902 errichtet und Ende der 1990er-Jahre restauriert, macht Eindruck mit seinen vier helmgedeckten Ecktürmen und der offenen Veranda über die ganze Front, zu der sich eine Freitreppe mit Geländer hinaufschwingt.

In einer Grünanlage schräg vis-à-vis stehen in Bronze – sinnigerweise in einem Bächlein – **Paul und Virginie** ❸, das berühmteste Liebespärchen der Insel [s. S. 74]. Virginies nasses Kleid klebt wie eine zweite Haut auf ihrem Körper, eng schmiegt sich das Mädchen an den geliebten Paul, der seinen Schatz (entgegen der Romanvorlage) auf Händen durch das Wasser trägt. Eine wunderbar innige Figurenkomposition!

Jenseits der Royal Road, einer der Geschäftsstraßen der Stadt, zieht der nadelspitze Westturm der katholischen Kirche **Ste-Thérès d'Avila** ❹ die Blicke auf sich. Die seitlichen Rundtürmchen und die

In Bronze verewigt – das tragische Liebespaar Paul und Virginie beim Rathaus

Krater mit Fernsicht – Trou aux Cerfs ist eine viel besuchte Attraktion in Curepipe

Rundbogenfenster des dreischiffigen Baus, 1868–72 errichtet, verweisen auf den Stil der Neugotik, während der Eingangsbereich opulent barock gestaltet ist.

Hinter dem Rathaus versteckt sich in der Teste de Buch Street ein unscheinbarer weißer Flachbau, der es aber durchaus in sich hat. Im **Casino de Maurice** 5 herrscht immer Betrieb, egal ob der Besucher nachmittags oder nachts die düsteren Hallen betritt. Er wird empfangen von ununterbrochenem Rasseln, Klingeln und Piepsen, vor den hypnotisch blinkenden Einarmigen Banditen stehen Mauritier im Pulk: Frauen, Pärchen, Rentner. Nicht selten ist hier ein Jackpot mit 20 000 Rupies oder mehr zu knacken. Am Roulettetisch rollt die Kugel ab 20.30 Uhr bis in die frühen Morgenstunden.

Links vom Kasino zwängt sich ein hässliches Bauwerk mit ockerfarbenem Turm mitten ins Stadtzentrum. Unter dem Dach der **Markthalle** 6 (tgl. geöffnet, vor Taschendieben sei gewarnt) erlebt man ein richtiges Kontrastprogramm zu den modernen und klimatisierten Einkaufszentren: Blumen, Obst, Kokosnüsse und anderes Grünzeug türmt sich bis in gewagte Höhen, die mauritische Hausfrau kauft hier Gemüse, Fleisch und Haushaltswaren ein.

Auch wenn sich Curepipes **Botanical Garden** 7 (Botanical Garden Road, tgl. 8–17 Uhr) nicht mit jenem von Pamplemousses messen kann, so ist dennoch ein Spaziergang in dem kleinen Parkgelände im Südwesten der Stadt empfehlenswert (bei Regen kann man sogar mit dem Auto durch das Gelände fahren). Kleine Teiche sind umgeben von einhei-

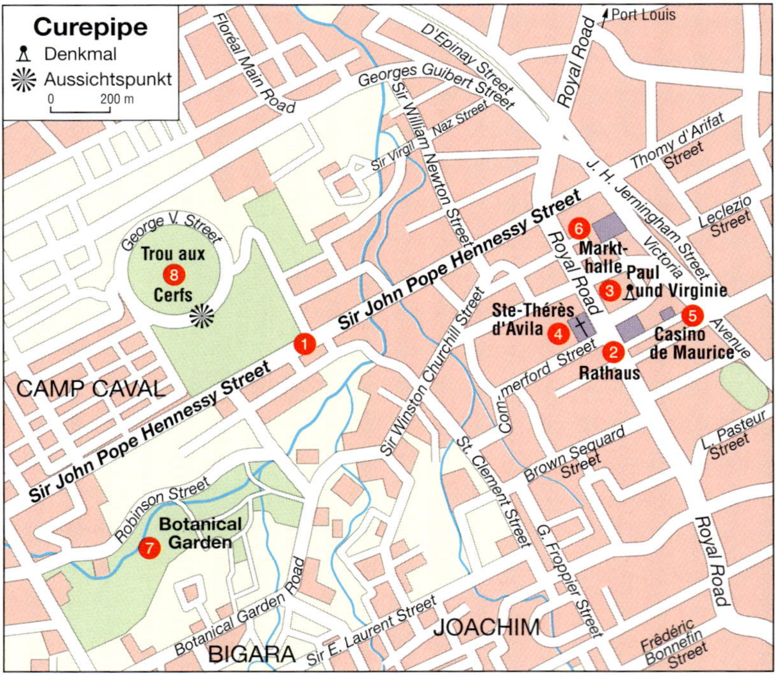

Einer der liebenswertesten Plätze in Curepipe – links der klassizistische Tempelportikus der Carnegie Bibliothek, rechts der elegante Baukörper der Kirche Ste-Thérès d'Avila

mischen Baumarten, Palmen in Fächer- und Kugelform, Bananenstauden und Azaleen, ein kleiner hölzerner Pavillon lädt zum Verweilen – wenn nicht gerade ein Liebespärchen dort schmust.

Nördlich des botanischen Gartens (Abzweigung von der Sir John Pope Hennessy Street) ragt der **Trou aux Cerfs** 8 auf, viel besuchte Sehenswürdigkeit und alltägliches Ziel der Jogger von Curepipe – ein riesiger tiefer Krater mit 200 m Durchmesser, der den vulkanischen Ursprung der Insel augenfällig bezeugt. Der Schlund zur einstigen Lava speienden Hölle ist heute üppig grün bewachsen, sodass die *Einblicke* von der kurvigen Straße auf dem Kamm des Kraterrands mit den herrlichen *Ausblicken* auf Curepipe und das bergige Umland konkurrieren. Wenn das Wetter mitspielt, sind von hier aus fast alle Berge von Mauritius in voller Pracht und Schönheit zu erblicken: ganz nah die Trois Mamelles, Montagne du Rempart und Corps de Garde, weiter weg im Norden Le Pouce und Pieter Both. Und bei optimal klarer Sicht sollen in südwestlicher Richtung sogar die Umrisse der Insel Réunion zu sehen sein.

Zum größten Wasserfall des Landes

Nur 4 km außerhalb von Curepipe, im Südwesten, führt über das kleine Dorf **Henrietta** eine Straße durch Zuckerrohrfelder und vorbei an Blumengewächshäusern zum Aussichtspunkt auf die **Tamarind Falls** (ausgeschildert). In wild zerklüfteter, bewaldeter Landschaft stürzt die Kaskade über sieben Absätze insgesamt 250 m tief in eine Schlucht, ehe die Wassermassen in der *Rivière Tamarin* gebändigt werden und schließlich beim Küstenort Tamarin in den Indischen Ozean münden. Gelegentlich sieht man im unteren Bassin einheimische Angler – ein beliebtes mauritisches Freizeitvergnügen. Rechts vom Parkplatz bei Henrietta führt ein etwa 20-minütiger Fußweg steil abwärts zu natürlichen Becken, in denen man baden kann. Der auffällige weißorange Turm in der Nähe der Aussichtsstelle ist übrigens ein *Marati* – eine Versammlungshalle für hinduistische Hochzeiten und Feiern.

i Praktische Hinweise

Information

Connections, Crater Lane, Floréal, Tel. 6 96 99 33, Fax 6 96 89 99, connect@intnet.mu. Reisebüro, das u. a. Stadttouren und Natur-Ausflüge, z. B. in die Berge und Nationalparks, organisiert.

Einkaufen

In folgenden Einkaufszentren befinden sich viele interessante Geschäfte, vom typischen Souvenirgeschäft über Bücherläden, Boutiquen, Blumenshops bis Schuhgeschäften und Imbissstuben (die meisten geöffnet Mo–Fr 9–17, Do 9–13, Sa 9.30–17 Uhr; in manchen, meist einfacheren Läden kann man handeln, andere haben Festpreise):

Curepipe: die *Currimjee Arcades*, im Block gegenüber das *Salaffa*-Zentrum (Royal Road), *Prisunic*-Supermarkt (Elizabeth II Street) und *Manhattan Center*

Floréal: der Adamas-Komplex und der Floréal Square (Kennedy Street)

Quatre Bornes: das Orchard Center (St. Jean Road)

Phoenix: das Le Continent Commercial Center (Sivananda Road)

Rose Hill: das Atrium Shopping Center (Vandermeersch Road)

Curepipe

Beautés de Chine, Currimjee Arcades, Curepipe. Fernöstliche Souvenirs und Dekor: kunstvoll Geschnitztes, Jade-Buddhas, chinesische Seidenkimonos und Vasen, Ma-Jong-Spiele, Lackwaren, Schmuck etc.

Comajora, La Brasserie Road, Forest Side, Curepipe. Älteste Modellschifffabrik der Insel mit einem Laden voll mit Schiffen in allen Größen.

Einkaufsstadt Curepipe – fernöstliche Schönheiten gibt es bei Beautés de Chine

Lacaze, Currimjee Arcades, Curepipe. Holz in allen Varianten, vor allem Möbel und buntes Spielzeug.

L'Antiquaire, Currimjee Arcades, Sir Winston Churchill Street, Curepipe. Wunderbar zum Stöbern: kleiner Laden, voll gestopft mit antiken Möbeln, Schmuck, Porzellan, Puppen und sehr viel Schnickschnack.

Phydra, Currimjee Arcades, Curepipe. Alles für die Schönheit: wohlriechende Shampoos, Seifen, Cremes, Wässerchen.

Poncini, Royal Road, Curepipe. Nobelster Schmuckladen der Insel, u. a. mit Cartier-Uhren, viele Zweigstellen in den First-Class-Hotels.

Private Collection, Pope Hennessy Street, Curepipe. In einer hübschen Kolonialvilla stapeln sich kostbare Orientteppiche – wie aus 1001 Nacht.

The Garden Village, 21 Sir Winston Churchill Street, Curepipe. Schicke Einkaufspassage mit Kunstgewerbemarkt, Galerie, Teppichen aus Kaschmir usw.

Tulsidas & Tulsidas, Royal Road, Curepipe. Wie in einem indischen Basar! Echte Seidensaris und *Kurta*-›Pyjamas‹ (importiert aus Indien und Hongkong), Messingwaren, Devotionalien.

Floréal

Adamas, Mangalkhan, Floréal. Duty-free-Juwelier mit Diamanten, Perlen, Goldketten, Uhren. Für den steuerfreien Einkauf werden Pass und Flugticket benötigt, die Ware wird zum Flughafen gebracht und vor Abflug ausgehändigt (am besten spätestens zwei Tage vorher einkaufen). Gegenüber bei **Shibani** wird elegante Kaschmir-Kleidung geboten.

Etoile d'Orient, Kennedy Street, Floréal. Edle Stoffe und orientalische Teppiche, kunstvolle Kelche und Truhen.

Mischief, Royal Road, Floréal. Zweistöckiger Laden mit riesigem Warenangebot an bunten Mitbringseln: Schmuck, Porzellan, Dodos aus Holz, Gemälde, Schiffsmodelle, Kleidung usw.

Phoenix

M – Prêt à Porter (Max Mara), Pont Fer, Phoenix. Italienische Mode vom Feinsten. Nebenan Schiffsnachbauten von der Firma **First Fleet**.

Mauritius Glas Gallery, Pont Fer, Phoenix. Mundgeblasene Souvenirs, bunte Fenstermosaike, Vasen, Karaffen usw.

Beim Stöbern entdeckt und schon wird die Kauflust geweckt – Seidensaris in Curepipe

Ein Laden voller Takelagen – Comajora, die älteste Modellschifffabrik auf Mauritius

Rose Hill

New Bombay, Arcades Atchia, Royal Road, Rose Hill. Boutique und Schneider, der hochwertige Anzüge innerhalb von 72 Stunden nach Maß schneidert.

Unterhaltung

Casino de Maurice, Teste de Buch Street (hinter dem Rathaus), Curepipe, Tel. 6 75 50 12 (tgl. 10–1.30 Uhr, Roulette 20.30–5.30 Uhr).

Gymkhana Golfclub, Vacoas, Tel. 6 96 14 04. Für alle, denen es an den Küsten zu heiß zum Einlochen ist und denen gelegentlicher Nieselregen nichts ausmacht: ein privater 18-Loch-Golfplatz, reizvoll umgeben von Berggipfeln.

Plaza Theatre, Royal Road (im Rathaus), Rose Hill. In dem viktorianischen Gebäude gibt es regelmäßig kulturelle Veranstaltungen: Theater, Kino, Kunstausstellungen, Opern, Popkonzerte; ein kleines Theatermuseum ist angeschlossen.

Sam's Disco, La Plantation, Vacoas, Tel. 6 86 53 70. Seit Jahren bei Mauritiern und Urlaubern angesagter Nacht- und Jazzklub.

Saxophone, Royal Road, Beau Bassin, Tel. 4 65 30 21. Die richtige Adresse für alle, die sich einmal unters mauritische Jungvolk mischen wollen: beliebte Bar, Kneipe und Diskothek.

Restaurants

Chinese Wok, 242 Royal Road (kleine Gasse, 1. Stock), Curepipe, Tel. 6 76 15 48. Großes klimatisiertes Restaurant mit Chinagerichten, Gegrilltem und Seafood (Mo–Sa 11.30–14.30, 18.30–22 Uhr).

King Dragon, Saint Jean Road, Quatre Bornes, Tel. 424 78 88. Einer der besten Chinesen auf der Insel (nicht zu verwechseln mit Green Dragon).

TOP TIPP **La Clef des Champs**, Queen Mary Street, Floréal, Tel. 6 86 34 58. Hier speisen die Gäste in einer vornehmen Villa oder auf der Veranda im Minigarten. Internationale Speisekarte mit ausgefallenen Gerichten und gehobenen Preisen, viele Cocktails, Weine (Mo–Sa 11–22 Uhr).

Le Gaulois, Dr. Ferrière Street, Curepipe, Tel. 6 75 56 74. Kleines zentrales Lokal und Bar mit französisch-kreolischen Speisen und Snacks, Miniveranda an ruhiger Straßenecke (Mo–Sa 10–18, Do 10–15 Uhr).

Shamiana, 32 Maurice Curé Street, Rose Hill, Tel. 4 66 42 92. Rotis, Tandoris, Brianis und Currys, auch vegetarische indische Speisen.

Shikari, Royal Road (im Haus links neben dem Chinese Wok, im 2. Stock), Curepipe, Tel. 4 91 94 53. Gemütliches Restaurant mit viel indischem Flair und Dekoration und ausschließlich indischen Gerichten.

Spur Steak House, Orchard Shopping Center, St. Jean Road, Quatre Bornes. Tel. 4 24 94 40. Fast Food und Steaks.

Rodrigues – die ungleiche Schwester

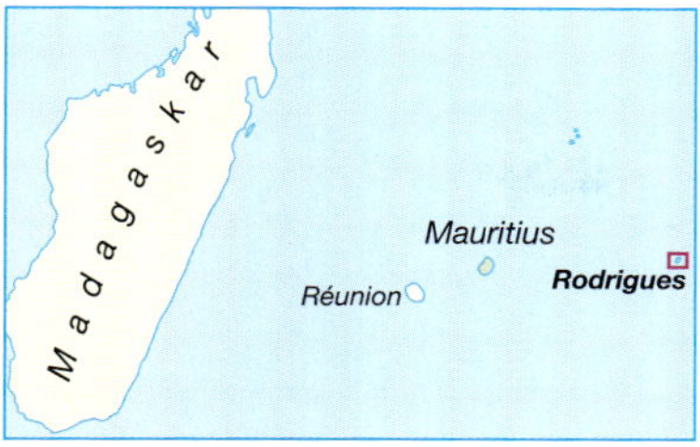

Auf der kleinen Insel Rodrigues mitten im Indischen Ozean, rund 600 km entfernt von Mauritius, scheint die Zeit stehen geblieben zu sein – wie in einer Dauersiesta. Das nur **8 x 18 km** große Eiland gehört zwar politisch zur Republik Mauritius, doch unterschiedlicher können zwei Schwestern kaum sein. Auch ›Aschenputtel der Maskarenen‹ musste sich die Insel schon nennen lassen. Dabei liegt Rodrigues eher im **Dornröschenschlaf**. Das Leben der 37 000 Rodrigueser ist geruhsam, ganz anders als im modernen, manchmal hektischen Mauritius, das Lichtjahre entfernt scheint. Auf Rodrigues bestimmt die **Natur** – mit Sonnenauf- und -untergang und Gezeiten – den Lauf der Dinge.

Hier kennt jeder jeden und selbst der Briefträger ist zu Fuß unterwegs. Der Schafhüter grüßt die Fremden mit seinem (auf Rodrigues unvermeidlichen) **Strohhut** und der Vertreter der mauritischen Landesregierung, genannt der ›Inselsekretär‹, züchtet Enten als Weihnachtsbraten. Wenn einer der maximal zehn Insassen im Inselgefängnis krank wird, dann nimmt er seinen Hut und spaziert zum Krankenhaus, ganz ohne Bewachung – wo soll er auch hin? Nur dreimal im Monat legt die **Fähre** aus Mauritius in Port Mathurin an, während die kleinen Propellermaschinen der Air Mauritius täglich von der Hauptinsel zum Außenposten fliegen und dort am äußersten Südwestzipfel landen.

Touristische Abwechslung bringen Exkursionen in **Tropfsteinhöhlen** oder Tauchgänge nahe den rundum vorgelagerten **Korallenriffen**, Regattaabenteuer auf den traditionellen Pirogue-Segelbooten, Fahrradtouren oder Wanderungen über die Mini-Insel, die mit Naturschönheiten reich gesegnet ist. Tagesetappen sind die feinsandigen **Badebuchten** oder wild zerklüftete Klippen, idyllische **Fischerdörfer** mit immer wieder grandiosen Ausblicken auf den Ozean. Allerorten blühen Bougainvilleen, Hibisken und Frangipani – Tupfen in der Landschaft in den reinsten Tuschkastenfarben!

Bisher genügen drei Taxis, um die Touristen zu befördern. Die **Hotellerie** steckt noch in den Kinderschuhen, Rodrigues zählt 15 Hotels und Pensionen, neben komfortablen Ressorts vor allem kleine, behagliche Unterkünfte. Viele Besucher ziehen ohnehin die abgeschiedenen privaten Bungalows und Apartments an der Küste vor, wo die **Ruhe** fast unheimlich ist. Bleibt zu hoffen, dass Rodrigues' Tourismusmanager nicht aus den Augen verlieren, was ihr Eiland so attraktiv für ausländische Besucher macht – der **ländliche Charme**.

36 Rodrigues

Plan Seite 110

Leben wie Robinson auf einer Insel mit unberührten Stränden, geheimnisvollen Höhlen und fantastischen Tauchgründen.

Die Insel ist vulkanischen Ursprungs und wohl als letzte der drei Maskareneninseln (Mauritius, Réunion, Rodrigues) vor 1,5 Mio. Jahren entstanden. Die heutigen Bewohner, vorwiegend Kreolen, leben als Bauern oder Fischer verstreut in einzelnen Gehöften und Häuschen an der Küste oder zwischen den Terrassenfeldern. Zuckerrohr wie im ›Mutterland‹ Mauritius ist hier nicht zu sehen, dafür ist die Insel zu trocken. In der Hauptstadt *Port Mathurin* im Norden wohnen ca. 5300 Rodrigueser. Seit rund 15 Jahren wird auf Rodrigues versucht, ein wirtschaftliches Standbein mit dem **Tourismus** zu schaffen: Dazu

◁ *Landpartie in Urnatur – Rodrigues ist eine Insel der Ruhe, noch wenig erschlossen, bergig und mit weiten menschenleeren Stränden*

wurden Straßen asphaltiert, der Flughafen und Hotels gebaut. Die Zimmerzahl soll auf rund 800 erhöht werden.

Inselgeschichte

Als die Portugiesen zu Beginn des 16. Jh. die Maskarenen umsegelten, nannten sie das kleine unbewohnte Eiland Dina Arobi (Insel des Ostens). Als eigentlicher europäischer Entdecker gilt **Diego Rodrigues**, der 1528 hier kurz ankerte und der Insel seinen Namen gab. Etwas länger als er blieb eine holländische Crew im Jahr 1601, die aber auch bald wieder abzog. Die französische Krone nahm 1638 offiziell Rodrigues in Besitz. Aber erst 1691 landete die ›Hirondelle‹ an der Küste, mit zehn **Hugenotten** – auf der Flucht vor religiöser Verfolgung im Heimatland Frankreich –, die versuchten, dauerhaft auf Rodrigues zu siedeln. Mit wenig Erfolg. Das Unterfangen scheiterte nach zwei Jahren – die Pioniere hatten zwar fast alles, was das Herz begehrt (Süßwasser, Kokosnüsse und exotische Früchte, ein Meer voller Fische, Schildkröten, Vögel usw.), aber eben nur fast. Es fehlten schlicht: die Frauen.

Anschließend nutzten **Piraten** das menschenleere Inselchen als ›Wasserloch‹ im Indischen Ozean. Später vermutete man daher auch hier lange Zeit einen vergrabenen Schatz des legendären Seeräubers ›La Buse‹ [s. S. 50] oder von Lemoine, der seine Goldtruhen auf der Île aux Chats in der Lagune vor Rodrigues versteckt haben soll. Nach einigen gescheiterten Versuchen erfolgte schließlich ab 1750 durch die **Franzosen** eine Kolonisierung von Dauer, in deren Verlauf durch Überjagung und Raubbau allerdings recht schnell ein Großteil der endemischen Flora und Fauna von Rodrigues dem Erdboden gleichgemacht wurde: Wie der Dodo auf Mauritius fiel hier der ebenso flugunfähige Vogel **Solitaire** den Siedlern zum Opfer (ab 1770 ausgerottet), das gleiche Schicksal erlitten Abertausende von **Riesenschildkröten**, denen die Engländer den endgültigen Todesstoß versetzten. Zyklone, Kahlschlag und die groß angelegte Viehzucht vernichteten im Laufe der Jahrhunderte zudem die **Edelholzwälder**.

Im Jahr 1761 beobachtete der französische Astronom **Abbé Pingré** auf Rodrigues als Erster den Planeten Venus, sein damaliger Beobachtungsstandort heißt seitdem Pointe Venus (nahe Port Mathurin). Die **Engländer** vertrieben unter Colonel Keating die Franzosen ab 1809 und errichteten einen militärischen Stützpunkt. Die englische Kriegsflotte versammelte hier ihre Schiffe, bevor sie 1810 in die große Seeschlacht gegen die Franzosen vor Mauritius gen Westen in See stach. Nach der endgültigen Abschaffung der Sklaverei auf Mauritius im Jahr 1835 siedelten sich relativ viele **Schwarze** auf Rodrigues an, die sich mit den verbliebenen Franzosen vermischten. Gegen Ende des 19. Jh. war die Bevölkerung auf ca. 3000 Insulaner angewachsen, zum größten Teil Katholiken, da sich nur weni-

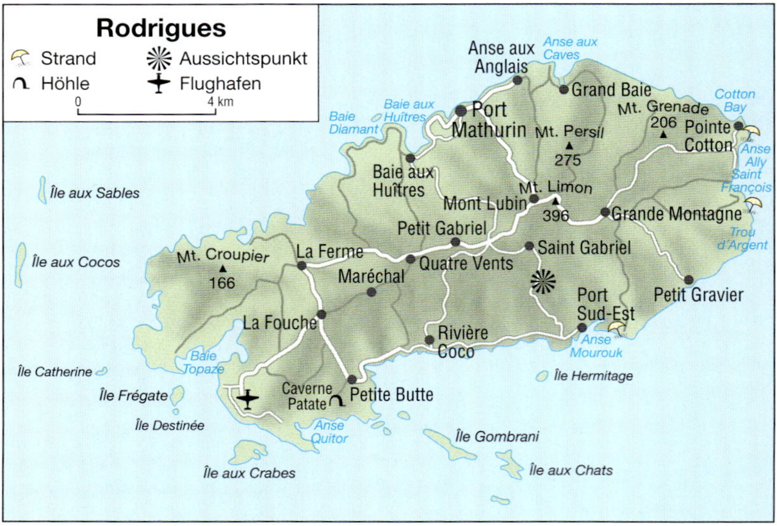

Stadt am Meer – eingebettet in viel Grün schmiegt sich Port Mathurin, Hauptort von Rodrigues, in eine Bucht der Nordostküste

ge Inder und Chinesen auf Rodrigues angesiedelt haben. Die meisten von ihnen leben heute als Händler, Ordnungshüter und Politiker in der Inselhauptstadt Port Mathurin, z.B. der mauritische Inselminister. Die mittlerweile auf mehr als das Zehnfache angewachsene Bevölkerung Rodrigues' beehrte **Papst Johannes Paul II.** 1989 mit seinem Besuch im Stadion von La Ferme.

Die Hauptstadt

Am **Pointe Canon**, dem Aussichtspunkt über der Inselhauptstadt Port Mathurin, steht der einzige **Hindu-Tempel** von Rodrigues, Kalashnat Mandir. Während auf Mauritius die indische Kultur mit dem Hinduismus den Alltag dominiert, ist auf der kleinen ländlichen Schwester das Leben geprägt vom eher geruhsamen afrikanisch-kreolischen Lebensstil mit vielen weiß getünchten Kirchen und Madonnenfiguren am Straßenrand. 96 Prozent der Bewohner sind Katholiken, trotzdem gibt es auf Rodrigues mehr hinduistische Feiertage als christliche …

Von hier oben am Pointe Canon schweift der Blick über **Port Mathurin**: ein kleiner **Hafen** mit modernem Passagierterminal und Lagerhallen am Wasser, davor – eingebettet in saftiges Grün – ein paar Verwaltungsbauten, ein Supermarkt und weiße Häuser, man hört einen Hahn krähen und ein Moped knattern. Welch ein Kontrast zu Mauritius: Ziegen meckern tagsüber ungestört auf der Hauptstraße, gegenüber der Bank of Mauritius sitzt eine alte Frau und schält Kokosnüsse. Einige kleine **Kolonialvillen** tragen Dächer mit hübschen filigranen Verzierungen und hölzernen Fensterläden.

Villa Kunterbunt – der Trend zur Farbe ist in Port Mathurin nicht zu übersehen

Obwohl 75 Prozent der Inselbewohner Telefon haben und auf Rodrigues zwei Zeitungen produziert werden, tauschen die Insulaner viele Neuigkeiten beim Plausch vor der Haustür aus, am Straßenimbiss, im Krämerladen oder auf dem samstäglichen **Markt** (mittwochs kleiner) neben dem Pier, wo manche Rodrigueser bis heute Tauschhandel betreiben. Fast noch im Dunkeln werden die Stände morgens um 5 Uhr aufgebaut und bestückt: Berge von Maniok und Erdnüssen, Plastikbeutel mit getrocknetem Tintenfisch, Gläser mit Chutneys und Chilis, Türme aus Obst und Gemüse in allen Farben, gigantische Papayas, würziger Honig und von Hand geflochtene Hüte und Körbe. Hier besorgen die rodriguesischen Hausfrauen alle Zutaten für eine typische Mahlzeit à la Rodrigues: geräucherter Schinken, getrockneter und gegrillter Tintenfisch, dicke rote Bohnen, als Gewürz zerstoßener Piment oder Tamarinden (säuerliche Früchte des Tamarindenbaums) und gesalzener Trockenfisch. Bis gegen 11.30 Uhr wuselt und schnattert halb Rodrigues hier herum – gegenüber Fremden sind die Insulaner aber zurückhaltend bis scheu, was besonders beim Fotografieren beachtet werden sollte.

Wer kein passendes Souvenir auf diesem Markt findet, könnte sein Glück auch im Laden **Craft Aid** (Jenner Street; Mo–Fr 8–16, Sa 8–12 Uhr; Laden und Werkstatt im südlichen Vorort Camp du Roi, Mo–Fr 8–16 Uhr, Tel. 8 31 17 66) versuchen: Im Jahr 1982 begründete der Brite *Paul Draper* ein Hilfsprojekt für Behinderte auf Mauritius, die aus Kokosnuss-Schalen kleine Kunstwerke herstellen: Ohrringe, Haarspangen, Schlüsselanhänger, Modellschiffe, Schatullen, aber auch Musikkassetten, Literatur, T-Shirts usw. sind in den beiden Läden auf Rodrigues zu erhalten; in einer kleinen Imkerei nebenan wird Honig gewonnen und ebenfalls zum Verkauf angeboten.

Am Abend wartet auf die Urlauber eine Überraschung: Es gibt eine Disco in Port Mathurin, man glaubt es kaum. Die **Ebony Discothèque** (Tel. 8 31 16 40) ist freitags und samstags gut besucht. Am

Wenn die Bäume Trauer tragen – unter den Luftwurzeln eines riesigen Banyanbaumes

Musik und Tanz – Sega und Seggae

Im Schein des Feuers schwingen die Tänzerinnen ihre weiten Röcke, die Rockzipfel hochgerafft in Händen, schwirren wie Schmetterlinge um den Tänzer, der auf Knien um ihre Aufmerksamkeit fleht. In Ekstase stampfen sie mit den Füßen, tippeln ums Feuer, drehen wild die Hüften. Ein Tanz voller **Erotik**, obwohl sich die Tanzenden nicht ein einziges Mal berühren! Wenn der Ruf »en bas, en bas« ertönt, gehen die Tänzerinnen in die Knie, lehnen sich zurück bis auf den Boden, während sie die Hüften weiter zur Musik bewegen.

Die Sega hat **afrikanische Wurzeln**, aber so ganz genau weiß das keiner mehr: Irgendwo und irgendwann im 18. Jh. wurde der **Tanz der Sklaven** geboren. Von Liebe und Erotik, Kummer und Schmerz, aber auch von Spott und Ironie handeln die kreolisch gesungenen, meist improvisierten Verse der **Sega-Musik**. Drei Musikanten begleiten die Tänzer auf segatypischen Instrumenten: Die **Ravane** ist ein kreisrundes, flaches, mit Ziegenleder bespanntes Tamburin, das den Rhythmus bestimmt. Die **Maravane** ist ein Bambusgebilde oder eine Büchse, in der Körner und trockene Bohnen hin und her rasseln, manchmal auch Maracas-Rasseln. Nicht zu vergessen: die **Triangel**. Früher vielfach, auf Rodrigues gelegentlich noch heute benutzt: die **Bobre**, ein einsaitiges Bogeninstrument, das mit einem Bambusstab zum Klingen gebracht wird.

Mitreißender Rhythmus in unterschiedlichen Tempi – die Sega regiert bei Tanzveranstaltungen auf Mauritius und Rodrigues

In der besseren Gesellschaft von Mauritius war die Sega lange Zeit verpönt: als **Tanz der Armen** und Benachteiligten, der Außenseiter, Rum-Besäuselten und Sexhungrigen. Sogar in die Nähe von Hexerei wurden die Tänzer gerückt, weil die Sega-Rhythmen auch manchmal bei Beerdigungen rund um den Sarg erklangen. Die Sega ist erst Mitte der 1960er-Jahre in Mauritius wieder entdeckt worden. Nun war ihr **Comeback** nicht mehr aufzuhalten: Reiche Eltern schickten ihre Jeans und Sari tragenden Töchter plötzlich zum Sega-Tanzkurs.

Und auch der so oft gescholtene Tourismus hat dazu beigetragen, wenigstens ein Stückchen Landeskultur zu erhalten – wenn auch nur als **Folklore**. Mittlerweile zog die Sega in die Hotels ein, sehr bunt und ein bisschen sexy, eben stark touristisch: In jeder Anlage finden wöchentlich Sega-Aufführungen statt, an deren Ende auch die hüftsteifen Urlauber ein wenig mitstampfen können.

Auch auf Rodrigues widmet man sich leidenschaftlich der Wiederbelebung der Sega und anderer Volkstänze. Auf der kleinen Insel soll sich die Sega noch länger in ihrer ursprünglichen, schnelleren Form erhalten haben, als im modernen Mauritius: die **Sega Tambour**. Wegen der Abgeschiedenheit der Insel konnten sich hier auch die französischen und schottischen Einflüsse länger behaupten. Daher gehören Tänze wie Polonäse und Polka, auch Quadrille und Mazurka zum Folkloreprogramm. Hier begleiten Ravane, das Akkordeon, die Triangel und manchmal die Bobre die Tänzer. **Aufführungen** gibt es regelmäßig im Cotton Bay Hotel und in der Ebony Discothèque.

Unter den Jugendlichen beider Inseln ist **Seggae** angesagt: eine Mischung aus Sega und Reggae mit Protesttexten gegen die herrschende (indische) Elite. Der berühmteste mauritische Sänger dieser Musikrichtung, **Kaya**, starb Anfang 1999 unter mysteriösen Umständen im Gefängnis von Port Louis. Es kam zu Auseinandersetzungen zwischen Kreolen und Indern.

Wochenende tobt hier das Leben, man muss nur die unscheinbare Tür durchschreiten und ist im Nu in einer ganz anderen, glitzernden Welt. Auf der kleinen Tanzfläche unter der obligatorischen Silberkugel schwofen junge Rodrigueser und Touristen zu den neuesten Hits, Freitagabend zur traditonellen Sega und anderen folkloristischen Tänzen. Von wegen verschlafenes Port Mathurin!

Berghöhen im Landesinneren

Die Orts- und Bergnamen der Insel lesen sich wie die Zutaten eines raffinierten Kochrezeptes – süße Kartoffel, Austern, Petersilie, Maniok, Banane, Mango, Piment, Oliven. Die Straße von Port Mathurin auf den ›Zitronenberg‹ windet sich durch dichten Eukalyptuswald immer höher. Nach nur zehn Minuten mit dem Jeep hat man die Inselmitte und den Verkehrsknotenpunkt **Mont Lubin** erreicht – und damit schon fast den höchsten Gipfel **Mont Limon** (396 m), der seine ›Eroberer‹ nach kurzer Wanderung mit einem grandiosen Rundumblick belohnt. Die meisten Rodrigueser sind zu Fuß unterwegs, niemals ohne Hut – die Modelle sind zahlreich und auf dem Markt zu bewundern, vom breitkrempigen Cowboyhut bis zum melonenartigen, steifen Strohhut.

Von fast allen Standpunkten der Insel schimmert der Indische Ozean in allen nur denkbaren Blautönen, in der Lagune schießen die Pirogues mit ihren blendend weißen Dreiecksegeln übers Meer. Diese **Farben**! Zwar sind viele Ecken rau, steinig und zerklüftet vom Korallenboden (vor allem im Süden), aber meist herrscht ein warmes Ockergelb als Grundton vor. Wie mit dem Pinsel verteilt leuchten allerorten die Farbtupfer: knallrote Dächer, bunt getünchte Holzhäuschen und voll gestopfte Krämerläden, auf deren Dächern orangefarbene Maiskolben trocknen. Rote Weihnachtssterne und lila Bougainvilleen umgeben malerisch Kirchen in strahlendem Weiß.

Größte Kirche (›im Indischen Ozean!‹, behaupten die Rodrigueser) ist **Saint Gabriel**. Ein lang gestreckter, mit Felsquadern errichteter Bau, der schwer und behäbig daliegt, flankiert von zwei gedrungenen Glockentürmen. Allein die blendend weißen Fensterrahmen setzen belebende Akzente im einheitlichen Grau der Steinwände. Bis zu 2000 Gläubige fasst das Gotteshaus, das jeden Sonntag zur Messe gut gefüllt ist. Beim Bau 1936–39 wurden die Steine in einer Menschenkette von Hand zu Hand den Berg hoch gewuchtet, die Frauen schleppten die tonnenschwere Glocke an einem Gestell hinauf, wenn der Esel mal wieder streikte.

Auf der asphaltierten Straße über die zentrale Hügelkette, welche die Insel von Ost nach West durchzieht, gelangt man nach **La Ferme**, einem Ort mit einer einfachen Kirche und einem Stadion, in dem 1989 der Papst Zehntausende begeisterte. Auf dem Weg dorthin hat sich **Quatre Vents** einen Namen gemacht als einer der windigsten Punkte der Insel. Auch wenn es hier tatsächlich von allen Seiten bläst, man genießt traumhafte Blicke, zum Beispiel auf das Fischerdorf Rivière Coco und die **Île Gombrani** im Süden. Das Korallenriff ist hinter der Lagune zu erkennen: eine weiße Linie im türkis- bis tiefblau schimmernden Ozean.

Tief im Süden

Von der höchsten Erhebung auf Rodrigues ist man schnell im Südwesten, nahe dem Flughafen, und dort geht es hinab in den tiefsten Inseluntergrund. Die gewaltige **Caverne Patate** ist eine 1000 m lange Tropfsteinhöhle mit einer Vielzahl die Fantasie ungemein anregender Stalaktiten und Stalagmiten sowie mächtigen, bis zu 26 m hohen Gewölben. Der Zugang in der Plaine Corail in Küstennähe ist nur mit einem Führer und bestückt mit Taschenlampe gestattet, am Ausgang krabbelt man dann unter einem riesigen Banyanbaum wieder ans Tageslicht.

Bei **Petite Butte**, einen Katzensprung entfernt, wird Korallengestein gewonnen und zu Baumaterial sowie für die Souvenirherstellung verarbeitet. Der **Korallensteinbruch** hat sich zu einer kleinen Besucherattraktion gemausert: Ganze Schulklassen aus Mauritius und Touristengruppen aus aller Welt machen hier Halt, um die Männer zu fotografieren, die zu zweit und schwitzend die Korallenblöcke per Hand zersägen – eine unsagbar staubige Knochenarbeit. Dafür sollen

Es werde Licht – das Tor zur eindrucksvollen Tropfsteinhöhle Caverne Patate

Sägen ohne Späne – Handarbeit im Korallensteinbruch bei Petite Butte

Heimkehr ohne Tintenfisch – mit Stöcken gehen die Fischerinnen in Rodrigues auf Octopus-Jagd, die sie im Schlick aufspüren

die handgesägten Blöcke allerdings auch mindestens 100 Jahre halten!

An den Küsten kehren die Fischer mittags mit der Flut und dem Fang heim. Kein Außenbordmotor schallt übers Meer und stört die ländliche Stille, auf den Pirogue-Booten werden wie eh und je die weißen Segel per Hand eingeholt. In den Fischerdörfern wie **Rivière Coco** hängen Tintenfische zum Trocknen an Gestellen in der Sonne am Meer oder auf den Flachdächern. Diese zerlappten, im Wind sacht wogenden Gespinste wirken durchaus gespenstisch. Tintenfischcurry ist eine inseltypische Spezialität, rund 500 t *Ourites* werden pro Jahr gefangen, teils auf uralte traditionelle Weise: In **Port Sud-Est** kann man den Frauen und Männern in ihren Gummistiefeln zusehen, wie sie bei Ebbe die Tintenfische mit harpunenähnlichen Speeren im Schlamm aufspießen.

Östlich des Fischerdorfs lockt die Badebucht **Anse Mourouk** zum Schwimmen, wo auch Surfer das ganze Jahr über auf ihre Kosten kommen und ein kleines Hotel in einem Filaohain seine Gäste bewirtet.

Von Port Sud-Est schwingt sich eine gehörig gewundene Straße wieder ins Landesinnere hinauf. Von einigen ihrer 52 Kurven bietet sich eine fantastische Weitsicht auf die rauen Abhänge und das Meer – wie auf einem Landschaftsgemälde. Das Gesicht der Insel bestimmen hier im Süden die runden wuscheligen *Vacoas-Palmen* (Pandanus), aus deren Blättern Einheimische Körbe, Matten und Hüte fertigen. Auf den Feldern wachsen Erdnüsse, Zwiebeln, Maniok und Bohnen.

Einheimisches Handwerk – aus Vacoas-Blättern werden Körbe und Hüte gefertigt

Terrassenfelder im Landesinneren und Mangrovenanpflanzungen an der Küste sollen gegen die starke Erosion helfen. Auf den Wiesen grasen Kühe – Rodrigues versorgt Mauritius mit Rindfleisch.

Buchten im Osten und Norden

Die schönsten Buchten von Rodrigues liegen im Osten – **Cotton Bay** (mit gleichnamigem Hotel), die nahe **Anse Ally** (ein einsamer, herrlich weißer Strand vor Palmen und Filaos) und die kleine Bucht hinter dem Filaohain bei **Saint François**. Nicht zu vergessen: der bezaubernde **Trou d'Argent**. Durch ein Tor (nur bis ca. 16 Uhr geöffnet!) führt ein lediglich mit Allradantrieb zu bewältigender Weg hinunter zu dem traumhaften Ministrand, der sich hinter rauen Klippen versteckt und wo das Wasser so intensiv blau leuchtet wie Tinte. Unter diesem Blau verbirgt sich in der 200 km² großen Lagune rund um die Insel ein **Unterwasserparadies** mit farbenprächtigen Korallengärten, tiefen Schluchten, Höhlen, Tunnels und einigen Wracks gesunkener Schiffe.

TOP TIPP

Der Inselnorden präsentiert sich insgesamt etwas lieblicher als der herbe Süden. Etwa in der von grünen Hügeln gerahmten, tiefen **Baie aux Huîtres** (Austernbucht) westlich von Port Mathurin, wo man die Fischer des gleichnamigen Dorfes von einer felsigen Anhöhe beobachten kann. Am Abend treffen sich die Insulaner unter den Filaos in der idyllischen **Anse aux Anglais**, östlich der Hauptstadt. Ein kleiner Imbisswagen wartet auf Kundschaft, ein Angler steht geduldig im seichten Wasser und einige Halbwüchsige klimpern auf ihren Gitarren. Auch Muschelsammler sind unterwegs. Aus den aufgelesenen Muscheln zaubert die rodriguesische Hausfrau *Tek-Tek*, eine leckere Muschelsuppe. Nur einen Steinwurf entfernt empfängt die tiefe Bucht von **Grand Baie** den Ausflügler mit einem schmalen Strand unter Kasuarinen, ein paar Palmen und Bungalows, Getränkeimbiss und Fußballplatz. Die Frauen von Rodrigues stehen übrigens nicht nur hinterm Herd oder mit Babys auf dem Arm und bunten Lockenwicklern plaudernd am Straßenrand. Auf Rodrigues trainiert eine Frauen-Fußballmannschaft, wer hätte das gedacht! Fußballbegeistert sind die Rodrigueser allemal. Gelegentlich sieht man auf einem Fußballfeld am Rande der Straße ein Spiel in vollem Gang (vielleicht die beiden Hotelmannschaften) und die Zuschauer feuern die Spieler an, als ginge es hier ums Finale der Weltmeisterschaft.

Wer auf Rodrigues nicht Fischfang betreibt, der lebt von Landwirtschaft und Tierzucht

Inseltrabanten

Beliebte Ausflüge mit dem Boot führen auf die 15 kleinen, in der türkisfarbenen Lagune schwimmenden Inseln, die als Nistplätze von vielen teils seltenen *Wasservögeln* aufgesucht werden, u.a. Meeresschwalben, Fregattvögel und Strandläufer. Die **Île Hermitage** ist nach 20 Minuten erreicht (ab Port Sud-Est) – auf ihr findet der urlaubende Robinson nicht nur schöne Strände, sondern vielleicht auch den Schatz, von dem alle hier munkeln, den aber noch nie jemand entdeckt hat. Weitere Inselabstecher sind möglich zur **Île aux Crabes** (nur von Schafen bevölkert), **Île aux Cocos** und **Île aux Sables**. Reisebüros besorgen die jeweils eventuell notwendige Erlaubnis zum Besuch der Vogelschutzreservate.

i Praktische Hinweise

Tel.-Vorwahl Rodrigues: 0 00 95 (von Mauritius aus) 0 02 30 (von Europa aus)

Information:

Rodtours, Camp du Roi, Tel. 002 30/831 22 49, Fax 002 30/831 22 67, rodtours@intnet.mu. Das Reisebüro vermittelt Touren zu Land und zu Wasser, Mietwagen, Fahrräder sowie Hotelzimmer, Apartments und einsam gelegene Privatbungalows für Individualreisende.

Versteckter Charme – paradiesisch schön ist die Bucht von Grand Baie im Norden der Insel

Hotels

Auberge Anse aux Anglais, Anse aux Anglais, Tel. 8 31 21 79, Fax 8 31 19 73. Nette Pension mit sauberen Zimmern um einen kleinen Pool, mit Restaurant.

Bungalows Roussety, Grand Baie, Buchung über Ecotourisme (s. o.). Abgelegene Reihenbungalows mit Meerblick (ca. 100 m zum Strand), mehrere Zimmer, Terrasse, Küche – auch mit Köchin.

Cotton Bay Hotel, Pointe Cotton, Tel. 8 31 80 01, Fax 831 80 03, www.cotton bayhotel.biz. Abseits an der Ostküste an einem der besten Strände gelegenes, komfortables Hotel. Geboten werden Wassersport, Reiten und Folklorevorführungen.

Escale Vacances, Port Mathurin, Tel. 8 31 25 55, Fax 8 31 20 75, escal.vac@intnet.mu. Kleines gemütliches Villahotel mit 23 preiswerten Zimmern (mit oder ohne Balkon) und Pool. Ideal für Touristen, die Kontakt zu den Inselbewohnern suchen. Sehr gutes Restaurant.

Les Cocotiers, Anse aux Anglais, Tel. 8 31 10 58, Fax 8 31 18 00, www.rodrigues-island.org/lesCocotiers.html. Hübsches kleines Hotel im Kolonialstil an einem schönen Strand, Zimmer zum Teil mit Seeblick. Pool und Restaurant. Daneben liegt ein kleines modernes Apartmenthaus am Strand.

Le Tamaris, Port Mathurin, Tel. 8 31 27 15, Fax 8 31 27 20, www.rodriguesisland.org/leTamaris.html. Im Herzen der Stadt: 12 kleine Zimmer und Apartments mit Küche sowie Restaurant.

Mourouk Ebony, Paté Reynieux, Tel. 8 32 33 51, Fax 8 32 33 55, www.mouroukebonyhotel.com. Herrlich ruhig gelegene Anlage an der Südostküste mit Strand-Reihenhäuschen in kreolischer Architektur und einem hervorragenden Restaurant auf einer Veranda am Strand. Eigenes Tauchcenter.

Restaurants

Dragon d'or, Place François Leguat, Port Mathurin, Tel. 8 31 05 41. Sehr gute Pizza, Fisch, Langusten und Steak vom Grill sowie chinesiche und kreolische Gerichte, überdachte Terrasse.

John's Resto Pub, Mangue, Tel. 8 31 63 06. Winziges Lokal im Landesinneren (vor La Ferme) bietet frisches Seafood in allen Varianten, z. B. als leckeren Muschelsalat Conocono, auch Hühnchen und Currys (tgl. 12–16 Uhr).

Le Receife, Cavern Provert (nahe Anse Aux Anglais), Tel. 8 31 18 04. Große Terrasse mit Blick aufs Meer, sehr gute chinesische und kreolische Küche, aber man sollte etwas Geduld für die Bedienung mitbringen. Freitag- und samstagabends Musik mit traditionellem Tanz (tgl. 7–14, 18–22 Uhr).

Mauritius aktuell A bis Z

Vor Reiseantritt

ADAC Info-Service:
Tel. 0 18 05/10 11 12, Fax 0 18 05/30 29 28 (0,12 €/Min.)

ADAC im Internet:
www.adac.de
www.adac.de/reisefuehrer

Mauritius im Internet:
www.my-mauritius.de
www.mauritius.net
www.maurinet.com
www.rodrigues-island.org

Informationen über Mauritius erteilen:

Deutschland

Mauritius Tourism Promotion Authority, c/o Aviareps Mangum, Sonnenstr. 9, 80331 München, Tel. 089/236 62 18 34, Fax 089/23 66 21 99, mauritius@aviarepsmangum.com

Österreich/Schweiz

MTIS Mauritius Tourism Information Service Switzerland & Austria, Kirchenweg 5, CH-8032 Zürich, Tel. 04 43 88 41 18, Fax 04 43 88 41 03, info@prw.ch

Botschaften

Deutschland/Österreich

Botschaft der Republik Mauritius, Kurfürstenstr. 84, 10787 Berlin, Tel. 030/26 39 36 10, Fax 030/26 55 83 23, www.mauritius-embassy.de (Mo–Fr 9–16.30 Uhr)

Schweiz

Botschaft der Republik Mauritius, 127 Rue de Tocqueville, F-75017 Paris, Tel. 00 33/(0)1 42 27 30 19, Fax 00 33/(0)1 40 53 02 91, ambassade.maurice@online.fr (Mo–Fr 9–13 und 14–17 Uhr)

Allgemeine Informationen

Reisedokumente

Deutschen, Österreichern und Schweizern reichen ein zum Zeitpunkt der Einreise noch sechs Monate gültiger Reisepass und ein Rückflugticket. Für einen Aufenthalt von mehr als 30 Tagen muss ein Visum bei der Botschaft (s. o.) beantragt werden. Ein Kinderpass mit Foto ist für Kinder ab sechs Jahren notwendig.

Bei der Einreise per Jacht ist eine Anmeldung erforderlich bei Ministry of Health, Victoria Square, Port Louis, Tel. 2 01 19 12 sowie Mauritius Ports Authority, Mer Rouge, Port Louis, Tel. 2 40 04 16, Fax 2 40 08 56.

Oben: *Balkon zum Meer – Grand Gaube bietet Hotelkomfort in optimaler Strandlage*
Mitte: *Exotische Früchte in Fülle im Zentralmarkt von Port Louis (links). Faszination Sega – Musik die beschwingt*
Unten: *Vorbereitung zum Segeltörn – Matrosen im Piratenlook sind mit von der Partie*

Kfz-Papiere

Ein *Internationaler Führerschein* ist laut Gesetz nötig, auch wenn er von den Mietwagenfirmen kaum verlangt wird.

Krankenversicherung und Impfungen

Der Abschluss einer privaten *Auslandsreisekranken-* und *Rückholversicherung* mit uneingeschränkter Kostenübernahme wird dringend empfohlen.

Für Mauritius sind keine *Impfungen* vorgeschrieben (außer bei der Einreise aus Gelbfiebergebieten). Wichtig sind eventuell notwendige *Auffrischimpfungen* gegen Tetanus, Polio, Diphterie und Hepatitis A, zusätzlich eventuell Impfungen gegen Hepatitis B und Typhus. Eine Beratung in Tropeninstituten zur *Malariaprophylaxe* ist empfehlenswert – nach Auskunft des Berliner Landestropeninstituts gibt es nur in einigen ländlichen Gegenden (Black River Gorges NP) einen eher harmlosen Malariaparasiten. Rodrigues ist malariafrei. Nähere Auskünfte erteilt auch das **Centrum für Reisemedizin CRM** in Düsseldorf, Tel. 02 11/90 42 90, Fax 02 11/904 29 99, www.crm.de

Zollbestimmungen

Personen, die 16 Jahre und älter sind, können zollfrei einführen: 1 l Spirituosen, 2 l Wein oder Bier, wahlweise 250 g Tabak, 250 Zigaretten oder 50 Zigarren, 250 ml Eau de Toilette und max. 10 cl Parfum. Die Einfuhr von Drogen, pornographischem Material und Rohzucker ist streng verboten, ebenso die Einfuhr von Lebensmitteln. Da für manche pharmazeutische Produkte, wie z. B. bestimmte Schmerzmittel, ein Einfuhrverbot besteht, wird die Mitnahme eines ärztlichen Rezepts empfohlen, das den Besitz der Medikamente (in der Originalpackung!) rechtfertigt. Für die Einfuhr von Pflanzen (Samen, Blumen, Früchte, Gemüse) benötigt man eine Erlaubnis vom Ministry of Agriculture (Customs Dep., Port Louis, Tel. 2 40 97 02, Agricultural Services, le Reduit, Tel. 4 54 10 91). Waffen und Munition müssen bei der Ankunft deklariert werden.

Fremd- und Landeswährung dürfen unbeschränkt ein- und ausgeführt werden, müssen aber deklariert werden.

Bei der Ausreise gilt das Washingtoner Artenschutzgesetz; es untersagt u. a. die Ausfuhr von Muscheln und Korallen.

Geld

Landeswährung ist die Mauritius Rupie (MUR oder Rs), unterteilt in 100 Cents (Cs). Am weitesten verbreitet sind Scheine zu 10, 50, 100, 200 und 1000 Rupien.

Internationale Hotels, Restaurants und Geschäfte akzeptieren die gängigen Kreditkarten. Hotels und Banken wechseln u. a. Euro- und Dollar-Reiseschecks, Geldautomaten gibt es auf Mauritius in allen größeren Orten, auf Rodrigues in Port Mathurin.

Tourismusämter/Reisebüros im Land

Am Flughafen und in größeren Hotels gibt es Reisebüros und Mietwagenvertretungen. Dort sind Informationen und Tickets für Ausflüge und Flüge erhältlich, außerdem stehen Englisch oder Deutsch sprechende Reiseführer zur Verfügung.

Mauritius

Mauritius Tourism Promotion Authority (MTPA), Air Mauritius Center, 5 President J. F. Kennedy Street, Port Louis, Tel. 2 10 15 45, Fax 2 12 51 42, mtpa@intnet.mu, www.mauritius.net MTPA-Zweigstellen: Caudan Waterfront, Tel. 2 08 63 97; Flughafen, Tel. 6 37 36 35.

Connections, Crater Lane, Floréal, Tel. 6 96 99 33, Fax 6 96 89 99, connect@intnet.mu.

Ward Enterprises, Grand Gaube, Tel. 2 88 99 64, Fax 4 67 62 22, wel@intnet.mu. Vermittlung von Ferienhäusern, Apartments usw. *Kontakt in Deutschland:* Mauritius Individuell, Hauptstr. 11, 21614 Buxtehude, Tel. 0 41 61/86 67 90, Fax 0 41 61/8 66 79 16, www.mauritius-individuell.de

Rodrigues

Ecotourisme, Douglas Street, Complex La Citronelle, Port Mathurin, Tel. 8 31 28 01 und -02, Fax 8 31 28 00, ecotours@intnet.mu. Das Reisebüro vermittelt Hotels, private Bungalows, Ausflüge mit Führer, Mietwagen mit oder ohne Fahrer und Fahrräder etc.

Notrufnummern

Polizei und **Krankenwagen:** 9 99

Feuerwehr: 9 95

ADAC-Notrufzentrale München: Tel. 00 49/89/22 22 22 (tgl. 24 Std.)

ADAC-Ambulanzdienst München: Tel. 00 49/89/76 76 76 (tgl. 24 Std.)

Österreichischer Automobil Motorrad und Touring Club
ÖAMTC Schutzbrief-Nothilfe: Tel. 00 43/(0)1/2 51 20 00

Touring Club Schweiz
TCS Zentrale Hilfsstelle: Tel. 00 41/(0)2 24 17 22 20

Diplomatische Vertretungen

Honorar-Generalkonsulat der Bundesrepublik Deutschland, 32 bis Saint Georges Street, Port Louis, Tel. 2 12 41 00, Fax 2 11 41 11 (Mo–Fr 9–12 Uhr)

Honorarkonsulat der Republik Österreich, Rogers House, 5 President J. F. Kennedy Street Port Louis, Tel. 2 11 68 01, Fax 2 08 50 45

Honorar-Generalkonsulat der Schweiz, 2 Jules Koenig Street, Port Louis, Tel. 2 08 87 63, Fax 2 08 88 50

Gesundheit

Das Gesundheitssystem von Mauritius ist gut, wobei der Standard in Privatkliniken wesentlich besser als in den staatlichen Krankenhäusern ist, die Reisende jedoch kostenlos behandeln. Jedes größere Hotel verfügt über Krankenschwestern, ein

Flieg, Vogel, flieg! – Air Mauritius übernimmt Ausflüge auf die Schwesterinsel Rodrigues

Arzt kommt bei Bedarf ins Hotel (er muss bar bezahlt werden).

Krankenhäuser (staatlich):

National Hospital Sir Seewoosagur Ramgoolam, Pamplemousses, Tel. 2 43 36 61, Fax 2 43 37 40

Doctor Jeetoo Hospital , Volcy Pougnet Street, Port Louis, Tel. 2 12 32 01, Fax 2 12 89 58

In die **Reiseapotheke** gehören alle wichtigen Medikamente. Mitnehmen sollte man auch **Sonnenschutzmittel** mit hohem Schutzfaktor und Mückenlotion (für abends langärmelige helle Kleidung). Um eine Erkältung in den von Klimaanlagen gekühlten Restaurants und Minibussen zu vermeiden, eignet sich eine Strickjacke bzw. ein Pullover (auch für die kälteren Abende von Mai bis September).

Das Leitungswasser hat Trinkwasserqualität, schmeckt allerdings nicht.

Besondere Verkehrsbestimmungen

In Mauritius herrscht *Linksverkehr*. Die erlaubte Höchstgeschwindigkeit in Ortschaften beträgt 40 km/h, außerhalb geschlossener Ortschaften 50 km/h und auf der Autobahn 80 km/h. Fahrer müssen mindestens 23 Jahre alt und ein Jahr im Besitz des Führerscheins sein. Fast in allen Städten muss man einen Parkschein lösen, der an Tankstellen erhältlich ist.

Sicherheit

Mauritius gehört zu den relativ sicheren Urlaubsländern. Besondere Vorsicht aber beim Benutzen der Kreditkarte. Weder Bargeld noch Schmuck im Zimmer, Wertsachen stets im Hotelsafe lassen. Vorsicht vor Taschendieben auf den Märkten.

Stromspannung

220 Volt, Adapter für Dreipolstecker (Vierkant) sind in allen Hotels vorhanden.

Zeit

Der Zeitunterschied zur MEZ beträgt plus drei Stunden, während der europäischen Sommerzeit plus zwei Stunden.

Anreise

Flugzeug

Condor fliegt im Winter (Okt.–April) wöchentlich dreimal und im Sommer zweimal ab Frankfurt/Main nach Mauritius (Tel. 0 18 03/40 02 90, auf Mauritius: Tel. 2 08 48 02 und 2 08 08 61).

Air Mauritius fliegt wöchentlich dreimal von Frankfurt sowie im Codeshare mit LTU von Düsseldorf über München nach Mauritius. Air Mauritius, Tel. 069/24 00 19 99.

Die **Flugdauer** beträgt zwischen zehn und elf Stunden. Bei der Ausreise wird eine **Flughafensteuer** in Höhe von 300 Rs fällig. Sie kann im Hotel gegen einen Gutschein im Voraus bezahlt werden (bei Pauschalarrangements im Preis inbegriffen).

Flughafen auf Mauritius: *Sir Seewoosagur Ramgoolam (SSR) International Airport* in Plaisance, nahe Mahébourg an der Süd-

Hochzeit im Paradies

»Sie fahren nach Mauritius, wann ist denn die Hochzeit?« Wer eine Reise in eines der **Traumziele** im Indischen Ozean bucht, wo Flitterwöchner unter Palmen an endlosen Stränden flanieren und sich mit ausgefallenen Arrangements und Überraschungen in den **Luxushotels** verwöhnen lassen, der muss sich diese recht neugierige Frage gefallen lassen.

Wer tatsächlich den **Bund fürs Leben** auf Mauritius schließen möchte, sollte rechtzeitig an die Beschaffung der notwendigen **Unterlagen** denken. Denn: Kein Weg ins Paradies ohne Hürden. Benötigt werden u. a. aus Mauritius das **Non resident certificate**, das etwa vier Wochen vor dem Hochzeitstermin ausgestellt wird vom Registrar of Births, Deaths and Marriages, Emmanuel Anquetil Building, Port Louis (Tel. 2 01 23 13, Fax 2 11 24 20, civ stat@intnet.mu) sowie amtlich bestätigte **Geburtsurkunden** in französischer oder englischer Übersetzung.

Dafür dürfen die Brautleute auf Mauritius auch heiraten, wo immer sie wollen: Wie wäre es denn mit einem Jawort barfuß am Strand mit Champagner oder auf einer blitzeweißen Jacht, während über dem Indischen Ozean die Sonne glutrot versinkt, die mauritianischen Berge in weiches Licht taucht und eine Sega-Band den Takt zum Glück angibt …?

Über die genaue Prozedur informieren die Spezialveranstalter und Reisebüros.

Infos und Buchung: Infinity, Theresienhöhe 1, 80339 München, Tel. 089/5 38 96 28, Fax 089/5 38 96 45, www.world-wide-weddings.de

ostküste (ca. 48 km von Port Louis). Auskunft: Tel. 6 37 55 38, Fax 6 37 53 06.

Air Mauritius Centre, Port Louis: Tel. 2 07 70 70, Fax 2 08 83 31, Reservation: 2 07 75 75, www.airmauritius.com.

Schiff

Mehrere Kreuzfahrtschiffe legen auf ihrer Fahrt zwischen Afrika und Asien auch in Port Louis an, meist in der Zeit zwischen Dezember und März.

Bank, Post, Telefon

Bank

Die Banken öffnen Mo–Fr 9.15–15.15 Uhr, nur die State Bank of Mauritius, 1 Av. Reine Elizabeth, Port Louis, ist zusätzlich Sa 9.15–11.15 Uhr geöffnet. Bei der Einlösung von Reiseschecks muss der Reisepass vorgelegt werden.

Post

Postämter sind Mo–Fr 8.15–11.15 Uhr und 12–16 Uhr sowie Sa 8–11.45 Uhr geöffnet. Briefe und Postkarten können in allen Hotels abgegeben werden.

Telefon

Internationale Vorwahlen:
Mauritius und Rodrigues 0 02 30
Deutschland 00 49
Österreich 00 43
Schweiz 00 41

Nationale Vorwahl:
Rodrigues (von Mauritius aus) 0 00 95

Es gibt *Telefonkarten* für nationale und internationale Gespräche, zu erhalten in Tankstellen, Souvenirgeschäften, Kaufhäusern, kleinen Läden.

Ein Dreiminutengespräch nach Deutschland, Österreich oder in die Schweiz kostet etwa 69 Rs, jede weitere Minute 23 Rs, in den Hotels sind die Tarife teurer (100–150 Rs pro Minute).

Auf Mauritius ist die Benutzung handelsüblicher GSM-**Mobiltelefone** möglich, man sollte sich aber vor Reiseantritt über das günstigste Netz vor Ort informieren und das Handy entsprechend programmieren. Man kann auf Mauritius auch Mobiltelefone ausleihen.

Einkaufen

Öffnungszeiten: In der Regel öffnen Geschäfte in *Port Louis* Mo–Sa 9.30–19.30 Uhr, in anderen Städten, wie z. B. Curepipe, Mo–Mi 9–17, Do 9–13, Sa 9.30–17 Uhr, *Märkte* Mo–Sa 6–18 Uhr, So 6–12 Uhr.

Die großen Luxushotels verfügen über klimatisierte Shoppingarkaden mit Boutiquen, Schneidereien, Schmuckläden, Galerien, Drogerien und Apotheken, die bis abends geöffnet sind.

Auf der ganzen Insel kann man in **Duty-free-Shops** zollfrei einkaufen, vor allem in Port Louis. Gegen Vorlage des Reisepasses und Flugtickets wird die Ware pünktlich zum Abflug an den Flughafen geliefert.

Zum Stöbern, Gucken und Handeln eignen sich die bunten **Märkte**, besonders der Central Market in Port Louis und der Markt in Mahébourg. Handeln gehört hier zum Geschäft – wer das nicht tut, zahlt unter Umständen das Dreifache.

Auf den Kauf von bunten oder schwarzen Korallen (etwa als Aschenbecher), Muscheln und anderen als Souvenirs verarbeiteten tierischen Bestandteilen sollte im Sinne des Arten- und Umweltschutzes unbedingt verzichtet werden. Die Ausfuhr ist zudem verboten.

Scharfe Schoten hinter Glas – Chili als Geschenk für Daheimgebliebene

Souvenirs

[Adressen s. S. 105 ff.]
Am typischsten und daher auch begehrtesten auf Mauritius sind **Dodos** in allen Varianten: als Plüschtier, Obstteller und Poster (auch als Goldmünzen bei der Hauptstelle der Bank of Mauritius, Sir William Newton Street, Port Louis erhältlich: 2700–24 000 Rs).

Blumen

Reisefertig eingepackt bekommen Urlauber einen frischen Strauß der landestypischen Blumen und Blüten, z. B. rote, rosa und weiße Anthurien aus Zuchtanlagen; sie halten meist zwei bis drei Wochen.

Weiche Linien, starke Farben – Strandtücher tragen sich bequem und wirken reizvoll

Gemälde

Viele mauritische Künstler stellen ihre Kunstwerke in Galerien und Hotels aus, oft sind es z. B. Motive, die den Werken des hier berühmten Malers Malcolm de Chazal nachempfunden sind.

Gewürze, Marlins, Rum und Tee

Bei den Gewürzen steht Curry an erster Stelle der Mitbringsel für die heimische Küche, hinzu kommen frischer Safran, Koriander, Pfeffer, Zimtstangen und Vanillestangen. Ebenfalls zu den kulinarischen Urlaubserinnerungen gehören süße kandierte Früchte oder Marmeladen, getrocknete Chilis, säuerlich-scharfe Chutneys oder geräucherte Marlins, die reisefertig verpackt zu erhalten sind. Einheimischer Rum und Tee (etwa Vanille- und Kräutertee) sind weitere beliebte Präsente.

Kleidung

Farbenprächtige **Seidenstoffe** und **Saris** aus Indien, Pakistan und China werden auf den Märkten und in Boutiquen feilgeboten. Viele indische **Schneider** fertigen (am besten nach Vorlage) jedes gewünschte Kleidungsstück innerhalb von ein bis zwei Tagen, mehr Qualität verspricht jedoch die Ware, für die sie sich etwa drei Tage Zeit lassen können. Man sollte zuvor die Qualität und Preise vergleichen und die Ware nicht erst kurz vor dem Abflug abholen.

Kunsthandwerk

Hervorragende Arbeiten sind Stickereien und Seidenmalereien, Korb- und Tonwaren, Masken aus Pappmaschee, Holzschnitzereien, Wandteppiche, handgefertigte Tischdecken und Makrameearbeiten.

Modellschiffe

Der originalgetreue Miniaturnachbau von alten Windjammern und Seglern ist eine Spezialität der mauritianischen Kunsthandwerker. Nach Plänen, die Museen oder Privatleute aus aller Welt schicken, fertigen die Künstler die Schiffe aus Edelhölzern an, darunter weltbekannte Großsegler wie die ›Gorch Fock‹ aus Deutschland und die italienische ›Amerigo Vespucci‹. Eine der bekanntesten Werkstätten ist die Firma Historic Marine in Goodlands [s. S. 51], wo 125 Angestellte arbeiten, jeder an seinem ›eigenen‹ Schiff. Diese Arbeiten sind landesweit als Souvenirs zu erhalten.

Musik und Instrumente

Originalkassetten und CDs von Sega-Musikanten sowie traditionelle Musikinstrumente sind in vielen Läden zu bekommen.

Schmuck und Edelsteine

Fehlt noch ein Schmuckstück als Hochzeitsgeschenk? Wer sich auskennt, kann in Mauritius das richtige hochkarätige Schnäppchen zum zollfreien Preis finden, z. B. Perlen, Diamanten, Goldschmuck und Uhren. Die bekanntesten Läden sind **Poncini**, **Adamas**, **Charles Lee** und **Goldfinger** – alle haben Zweigstellen in den Luxushotels. Die Duty-free-Waren werden gegen Vorlage eines Reisepasses und Flugtickets verkauft und erst bei der Abreise am Flughafen hinter der Passkontrolle ausgehändigt. Die **Mauritius Collection** ist eine limitierte Serie handgearbeiteter Broschen, die nur bei Air Mauritius zu erhalten ist (Verkaufserlöse kommen Umweltprojekten zugute).

Essen und Trinken

Wie wäre es mit einem Baguette zum Frühstück, einem scharfen Curry mit Roti zum Mittagessen, einer Peking-Ente mit Frühlingsrolle oder einem saftigen Pfeffersteak mit Sahnesauce à la française zum Dinner?! Oder einem frisch erlegten, gerösteten Wildschwein, abgeschmeckt mit fünf Gewürzen und Honig?!

Kein Problem in Mauritius! Feinheiten aus den unterschiedlichen Landesküchen von drei Kontinenten sind auf der kleinen

Wer die Wahl hat, hat die Qual – reich ist das Obstangebot auf den Märkten

Insel im Laufe der Jahrhunderte zu einem köstlichen Potpourri verschmolzen – ein interessantes und sehr schmackhaftes Ergebnis, etwa wenn die etwas einfachere, deftige Kochweise der Kreolen mit der exquisiten, raffinierten Haute Cuisine der Franzosen in einem Topf verrührt wird. Jede der Bevölkerungsgruppen auf Mauritius hat ihre eigenen Rezepte auf die Insel mitgebracht.

Frühstück

Die Mauritier selbst essen am Morgen meist ein Baguette mit Käse oder Guavengelee.

Touristen finden beim Frühstück die herkömmliche Bandbreite an kontinentalen, amerikanischen und auch asiatischen Speisen. Die Frühstücksbüfetts in den Luxushotels sind einfach gigantisch, manche bieten bis zu zehn verschiedene Marmeladen, ganz zu schweigen von den Obstsorten und dem Schampus.

Snacks

Die dreieckigen **Samosas** entpuppen sich als mit Gemüse, Fleisch oder Fisch gefüllte Teigtaschen, die häufig an Straßenständen verkauft werden. Hier bekommt der hungrige Reisende auch die pikanten **Gâteaux piments**, mit Erbsenpüree gefüllte Reisbällchen, die es manchmal in sich haben – je nach Anzahl der verwendeten Chilis. **Dholl poori**, **Fa-**

rata und **Roti** sind eine Art Pfannkuchen oder Brot. Sie werden wahlweise mit dem Linsenbrei **Dhal** gefüllt oder mit pikanter Tomatensauce.

Potpourri kontinentaler Geschmäcker

Am stärksten hat die **indische Kochkunst** die Speisekarten in Mauritius beeinflusst. *Currygerichte* (auch: Carri, Cari oder Carry) werden in zahllosen Variationen mit Huhn, Rindfleisch, Lamm, Hirsch, aber auch mit Fisch, Süßwassergarnelen und anderen Meeresfrüchten wie Hummer zubereitet.

Für ein Curry entscheidend sind die richtigen *Gewürze*. Die Currypaste besteht aus bis zu 40 Zutaten (also nicht zu verwechseln mit dem gelben Pulver!), die alle zusammen erst den aromatischen Geschmack herbeizaubern: schwarzer Pfeffer, Knoblauch, Zwiebeln, Ingwer, Muskatnuss, Kardamom, Safran, Koriander, Thymian, Tamarinde, Kümmel, Kurkuma (auch: Tumeric, Gelbwurz), Curry-Blätter, Senfkörner, Zimt und Nelken – um nur einige zu nennen. Vorsicht ist angeraten bei der scharfen, meist *grünen Chilisauce*, die zu den Gerichten extra gereicht wird. Anders als in der rein indischen oder thailändischen Küche sind die Currygerichte auf Mauritius jedoch relativ mild.

Zu den Currys wird stets *Reis* gereicht, außerdem *Chutneys* (Chatini) aus ver-

Auf Eis gelegt – Seafood wird kühl gelagert, ist aber heiß begehrt

schiedenen scharf oder süßsauer eingelegten Gemüsen, vor allem Tomaten, Gurken, Kohl, Bohnen, Möhren, Kokosnüsse, grüne Mango, Tamarindenpaste. Zu den vielen landestypischen Gemüsesorten und Beilagen gehören Maniok, Kürbis, Tomaten (›Liebesäpfel‹ genannt), Riesenauberginen, Chinakohl und die *Lady Fingers* (Okra, Gumbos) sowie gekochte Brunnenkresse. *Bredes* ist ein beliebtes spinatähnliches Gemüse. Vegetarier können bei reinen Gemüsecurrys wie dem Kartoffelcurry auf schmackhafte Weise satt werden. *Briani* (Biryani) ist ein moslemisch inspiriertes Reis-Curry-Gericht mit Fleisch, Kartoffeln, Gurken und Quark.

Auch die **afrikanische Küche** hat ihre Spuren in mauritischen Kochtöpfen hinterlassen. Kreolisch ist bäuerlich, rustikal und einfach. Die Kreolen haben beispielsweise *Le Rôti de langue de Bœf* (Ochsenzunge) beigesteuert, den deftigen Eintopf *Rougaille* mit Gemüse und Fleisch oder Shrimps, Tomatensauce und viel Knoblauch, die typischen gelben Bohnen und Linsen in Schwarz, Rot oder Weiß. Auch Tomaten, Knoblauch und Zwiebeln gehören zu einem typisch kreolischen Gericht.

Die **Chinesen** haben vor allem ihre schmackhaften *Fischsuppen*, die knusprigen Bratnudeln und Bratreis und natürlich den *Wok* mitgebracht. Bambusspros-

Der Millionärssalat

Eine besondere Spezialität gewinnen die Mauritier aus dem Herzen der Palme – **Cœur de Palmiste**: ein unscheinbares, etwa 20 cm langes Ende vom Inneren des Baumes, ganz oben, kurz bevor die Palmblätter sprießen. Das weiche Innenleben der Palme wird meist roh gegessen und kostet ein kleines Vermögen (bis zu 24 €) – und manch einer sagt, es schmeckt nach gar nichts …

Der Salat wird oft bei besonderen Anlässen oder an Weihnachten zu Riesengarnelen oder Muscheln, auf Buttertoast oder Butterreis serviert. Exklusive Restaurants wie das Le Pescatore in Trou aux Biches verbrauchen rund 200 Palmherzen im Monat. Auf Plantagen im Süden von Mauritius werden die Palmen gezüchtet.

Es ist serviert – das bunte Potpourri aktiviert die Sinne, vornehmlich die Gaumenlust

sen, Morcheln und Sojasauce runden ein chinesisch-mauritisches Gericht ab.

Und nicht zu vergessen die **französische Cuisine**. Sie bietet z. B. Pfeffersteak mit ausgefeilten Saucen, Silbermuscheln auf Butterreis, delikate Bouillons und Fischsuppen und dergleichen Köstlichkeiten mehr.

Regionale Besonderheiten

Im Jagdhotel der **Domaine du Chasseur** wird frisch erlegtes Wild aufgetischt: Hasen, Wildschweine, Hirsche, Wachteln, Fasane und Birkhühner – etwa auf kreolische oder indische Art als Curry zubereitet. Auf **Rodrigues** kommen des Öfteren Tintenfisch und Hammelfleisch auf den Tisch – auf der Insel werden vor allem Tintenfische gefangen sowie Rinder und Schafe gezüchtet.

Süßes, Fruchtiges, Flüssiges

Als Nachspeise sollte unbedingt der **Flan** probiert werden, ein Karamellpudding, außerdem bietet jedes Hotelbüfett Reispudding und Brotpudding. **Néapolitains** sind sehr süße, runde Gebäckstücke mit noch viel süßerer Glasur. Nicht zu vergessen die Mais- und Kokoskuchen **Gâteaux coco**, alles sehr weich, locker-cremig und in Bonbonfarben präsentiert.

Die tropischen **Früchte** sind Augenweide und Gaumenfreude zugleich. Schon zum Frühstück kann sich der Urlauber den Teller mit exotischen Leckereien beladen: Mangos und Papayas, Ananas und Bananen, Longans (›Drachenauge‹) und Litschis, Melone und Guave, Zimtäpfel und Jackfruit und natürlich – die **Kokosnuss**, deren klarer Saft mit dem Strohhalm aus der Nuss getrunken wird.

Aus Indien stammt **Lassi**, das dickflüssige Joghurt-Mixgetränk. Internationale Erfrischungsgetränke, Fruchtsäfte, Selterswasser und Tee sind überall zu erhalten. Besonders typisch für die Insel ist der frisch ausgepresste **Zuckerrohrsaft** sowie **Arrak**, ein hochprozentiger Zuckerrohrschnaps. Der im Lande hergestellte **Rum** (eine gute Marke ist Green Island) dient den verführerischen Cocktails als Grundlage, manchmal ›entschärft‹ mit Kokosmilch. Trotz der französischen Kolonialzeiten und Einflüsse trinken die Mauritier kaum Wein, sondern llieber Bier zum Essen. Das mauritische **Bier** (Phönix, Starkbier Blue Marlin und Stella Pils) hat 1995 sogar einen internationalen Preis errungen.

Wohin zum Essen?

Am **Hotelbüfett** werden regelmäßig kulinarische Themenabende veranstaltet, mit den jeweiligen Spezialitäten und der dazu passenden Musik. Die meisten **Restaurants** außerhalb der Hotels gibt es in Port Louis, Grand Baie, Curepipe und um Mahébourg. Sie schließen allerdings relativ früh, meist schon um 22 Uhr, in Port Louis sind die Lokale sogar nur über Mittag geöffnet. Das Gleiche gilt für die meisten Ausflugsrestaurants auf der Insel.

Feste und Feiern

Feiertage

1. und 2. Januar: *Neujahr*, Mitte Januar bis Mitte Februar: *Eid-Ul-Fitr* (als Abschluss des Fastenmonats Ramadan und des Studiums des Korans feiern die Moslems mit Gebeten, Geschenken und dem Briani-Festmahl; genaues Datum abhängig vom Mondstand und den komplizierten Berechnungen im islamischen Kalender). 12. März: *Nationalfeiertag*, 18. März: *Ougadi* (tamilisches Neujahrsfest), 1. Mai: *Tag der Arbeit*, 15. August: *Mariä Himmelfahrt*, 14. September: *Ganesh Chaturti* (Fest zu Ehren des Elefantengottes Ganesh), 1./2. November: *Allerheiligen und Totenfest* (die Gräber der Christen werden festlich geschmückt und entsprechend einer madegassischen Sitte mit Wasser überschüttet), 25. Dezember: *Weihnachten*.

Feste

Im Folgenden eine Auswahl der wichtigsten religiösen Feste und Veranstaltungen:

Ende Januar/Anfang Februar

Chinesisches Frühlingsfest: Entsprechend dem chinesischen Neujahr werden Umzüge mit tanzenden Drachen und Löwen aus Pappmaschee veranstaltet mitsamt Feuerwerk. Rot dominiert die Szenerie, denn dies ist die Farbe des Glücks. In den Tempeln stapeln sich die Opfergaben, chinesischstämmige Familien feiern Feste mit der ganzen Verwandtschaft, mit Geschenken und einem Festmahl, immer dabei: der Wachskuchen. Nach konfuzianischem Glauben werden in diesen Tagen auch die Ahnen geehrt.

Thaipoosam Cavadee: Büßerfest zu Ehren des Hindu-Gottes Murugan, das von den Tamilen mit Kasteiungen und Fasten, Umzügen und rituellen Waschungen begangen wird [s. S. 93].

Mitte Februar/Mitte März

Maha Shivaratree: Beim dreitägigen Fest pilgern Hunderttausende Hindus zum Grand Bassin (Ganga Talao), um sich mit dem nach ihrem Glauben heiligen Wasser von ihren Sünden rein zu waschen und Shiva zu ehren. Viele sind in Weiß gekleidet und verbringen die Nacht im Freien am Ufer des heiligen Kratersees. Im nahe gelegenen Tempel nimmt Shiva die Opfergaben an und erhört die Gebete während der Puja [vgl. Nr. 30]. Ein ähnliches Fest (Ganga Asnan) mit ritueller Reinigung und Opfergaben an das Meer findet im Oktober/November an der Küste statt.

Nationalfeiertag – Fahnenparade auf dem Champ de Mars von Port Louis

Der Drache ist los – beim Chinesischen Frühlingsfest herrscht Jahrmarktstimmung

März

Holi: Das zweitägige Fest des Feuers und der Farben hat einen hinduistisch-mythologischen Hintergrund. Bildnisse der Hexe Holika werden symbolisch mit Strohpuppen verbrannt. Mit gefärbtem Puder und Wasser aus Eimern, Pumpen und Plastiktüten wird jeder begossen, der den Weg der ausgelassen Feiernden kreuzt, auch Fremde.

La Fête du Poisson: Am 1. März beginnt auf Rodrigues das Fischer-Festival. Zehn Tage lang herrscht emsiges Treiben im Hauptort, die Attraktionen sind: Lagunenfischen, ein kleiner Wettbewerb im Hochseefischen, Konzerte und traditionelle Tänze wie die Sega, aber auch Street Partys und eine Regatta.

8./9. September

Jacques Désirée Laval: Gefeiert wird der Todestag (9. September 1864) des viel verehrten französischen Arztes und Missionars, dem Wunderheilkräfte nachgesagt werden. Eine christliche Prozession von Zehntausenden führt zum Grabmal des 1979 heilig gesprochenen Laval in Sainte Croix, einem Vorort von Port Louis. Der ›Apostel der Schwarzen‹ hat sich im 19. Jh. um die zwar befreiten, aber mittellosen Sklaven gekümmert.

Hindu-Fest Maha Shivaratree – Opfergaben unterstützen die Gebete zu Shiva

Oktober/November

Divali: Beim hinduistischen Lichterfest zur Erinnerung des Sieges von Gott Rama über den Dämonen Ravana, des Sieges von Gut über Böse, erleuchten Lichterketten, Kerzen, Öllampen und Teelichter die Tempel, Häuser und Straßen, verwandeln Mauritius in ein Lichtermeer [s. S. 93].

Oktober bis März

Temedee (Timethi): Ein weiteres, einmal jährlich abgehaltenes spektakuläres Bußfest der Hindus, bei dem die Gläubigen in Trance oder betend über eine 7 m lange Feuerbahn mit glühenden Kohlen laufen.

Klima und Reisezeit

Mauritius hat subtropisches Klima und ist ganzjährig zu bereisen. **Hochsaison** ist zwischen Oktober und April zur wärmsten Jahreszeit (Dezember: ca. 30 °C). Allerdings muss in den Monaten Dezember bis März mit einem **Zyklon** samt heftigen Regenfällen gerechnet werden. Die tropischen Wirbelstürme erreichen Mauritius im statistischen Durchschnitt etwa alle fünf Jahre und brausen mit bis zu 250 km/h über die Insel. Gut zu wissen: Die Hotels sind auf solche Unwetter gut vorbereitet. Die Monate mit dem meisten **Regen** sind Dezember bis März/April, jedoch kann es auch in der Phase des Klimawechsels im Mai und September/Oktober gelegentlich zu heftigen Regenfällen kommen. Die kühlere Jahreszeit, der ›**Winter**‹, liegt zwischen Mai und Oktober mit Tagestemperaturen um 25 °C, für Wanderungen die angenehmsten und schönsten Monate, auch wegen der Blütezeit. In den Bergen ist es feuchter und einige Grad kühler, was besonders ab 500 m Höhenlage oder nachts zu spüren ist, aber auch an den Küsten weht stets ein frischer Wind, der Südostpassat (vor allem im ›Winter‹ an der Ostküste). Die **Luftfeuchtigkeit** beträgt 80–90 %. Die **Wassertemperaturen** liegen bei angenehmen 27 °C.

Klimadaten Port Louis

Monat	Luft (°C) min./max.	Wasser (°C)	Sonnen-std./Tag	Regen-tage
Januar	23/30	27	7	15
Februar	23/30	27	6	16
März	23/29	27	5	18
April	22/28	27	6	17
Mai	20/26	25	6	14
Juni	19/25	24	5	11
Juli	18/24	23	5	13
August	18/24	22	6	11
September	18/25	23	7	9
Oktober	19/26	23	8	9
November	21/28	24	8	7
Dezember	22/29	25	8	12

Kultur live

Galerien

Zeitgenössische Kunst ist in vielen Galerien, Hotels und Geschäften in Port Louis, Grand Baie und Curepipe im Original oder als Druck ausgestellt, z. B. in den Galeriefilialen von **Hélène de Senneville** (Port Louis, Grand Baie, Curepipe) und der **Port Louis Art Gallery** (Rue Mallefille). Besonders die auffallend farbenfrohen, naiven Malereien typischer Motive und Landschaften von Mauritius sind bei Touristen beliebt als Erinnerungsstücke, auch in Form von Aschenbechern. Einer der bekanntesten und am meisten imitierten Maler des 20. Jh. ist der inzwischen verstorbene Malcolm de Chazal.

Tanzvorführungen und Folklore

In jedem Hotel finden wöchentlich Sega-Tänze statt [s. S. 112 f.], teils bei Lagerfeuer am Strand. Auch klassische indische Tänze (vor allem in der Domaine Les Pailles), traditionelle chinesische Drachentänze und andere Folklore werden allabendlich in den großen Hotels dargeboten.

Theater

Es gibt zwei Theater auf Mauritius, das Kulturprogramm ist jedoch recht dürftig. Dies sind das Stadttheater in Port Louis [s. S. 26] und das Plaza Theatre in Rose Hill [s. S. 107]. In Rose Hill werden Theaterstücke, klassische Tänze und Konzerte, Kinofilme und Ausstellungen gezeigt. Über das Programm informiert die Tagespresse.

Nachtleben

In Mauritius' Hauptstadt Port Louis werden ab 17/18 Uhr die Bürgersteige ›hochgeklappt‹, mit Ausnahme des Einkaufszentrums Le Caudan Waterfront am Hafen. Hier locken Restaurants, Coffee-Bars, Fast-Food-Imbisse, Kinos und Kasino.

Glücksspiel, Lotterie und Pferderennen sind für Einheimische (und Urlauber) ein beliebter Zeitvertreib; insgesamt gibt es neun Kasinos auf der Insel.

Das nächtliche Vergnügen spielt sich hauptsächlich in den Hoteldiskotheken, Pianobars und Nachtklubs sowie den Strandbars der Badeorte ab (vor allem Grand Baie, Flic en Flac). Zu den abendlichen Showprogrammen in den Hotels gehören die Sega-Tänze und andere Folklore. Einige Bars und Diskotheken im Stadtgürtel des Hochlands haben sich als Attraktionen auch unter Urlaubern einen Namen gemacht.

Sitten und Gebräuche

Bekleidung

Der Urlauber sollte sich bewusst sein, dass Mauritius ein Land mit hinduistisch und muslimisch geprägter Kultur ist. So verstoßen etwa FKK und Oben-ohne-Baden gegen die Landessitten und sind unerwünscht.

Fotografieren

In Tempeln sollte man aufs Fotografieren verzichten. Möchte man Menschen fotografieren, sollte man sie vorher höflich fragen. Vor allem die Insulaner auf Rodrigues sind relativ scheu und wollen oft nicht fotografiert werden. Besonders zurückhaltend sollte man bei Angehörigen der muslimischen Minderheit sein.

Religiöse Stätten

Beim Betreten von Hindu-Schreinen, buddhistischen Tempeln und Pagoden sollte man die Schuhe ausziehen und die Kopfbedeckung abnehmen. Die Besichtigung von Moscheen ist nur außerhalb der Gebetszeiten und ebenfalls nur ohne Schuhe erlaubt (Frauen sollten hier ausdrücklich fragen, ob der Einlass auch für sie gilt). In allen Gotteshäusern sowie am ›heiligen‹ Kratersee Grand Bassin sollten die Besucher auf angemessene Kleidung achten (keine Shorts, Miniröcke und Trägerhemdchen), um die Gefühle der hier Betenden nicht zu verletzen.

Trinkgeld

Trinkgelder sind nicht notwendig, aber als Anerkennung von Zimmermädchen, Kellnern, Taxifahrern gern gesehen (etwa 10 %).

Sport und Aktivitäten

Angeln und Hochseefischen

In der Saison von Oktober bis April schwärmen die Jachten mit Hochseefischern in den Indischen Ozean aus und sie müssen gar nicht weit hinausfahren, um Schwarze und Blaue Marlins (der Rekord liegt bei 1355 Pfd.!), kampflustige Schwertfische, Mako-Haie (Rekord bei 1115 Pfd.!), hundeschnäuzige Thunfische, Bonitos, Wahoos, Barrakudas u. ä. an die Angel zu bekommen: Nur 1–2 km von der Küste entfernt fällt der Meeresboden bis zu 600 m ab, besonders vor der Westküste (Grande Rivière Noire und Trou aux Biches). In fast jedem Küstenort gibt es einen Anglerklub (über Hotels oder Bootsverleiher zu buchen). Angelwettbewerbe bietet z. B. im Februar die *Green Island International Marlin Competion*. Zentren für Angeln und Hochseefischen sind zu finden in Grand Baie, Le Morne, Grande Rivière Noire und Flic en Flac, Vieux Grand Port und Trou d' Eau Douce und natürlich auch in Rodrigues. Info:

BDPM Fishing, Mont Fanal, Port Mathurin, Rodrigues, Tel./Fax 8 31 27 90, birgit.dirk@intnet.mu. Der deutsche Veranstalter bietet ›Big Game‹-Fischen für Sportangler rund um Rodrigues.

Baden

Etwa 160 km weißer Sandstrand, beschattet von Kasuarinen (Filaos) und Palmen, türkis schimmernder Ozean und eine leichte Brise – was will der Urlauber mehr? Die schönsten Strände sind Baie du Tombeau und Trou aux Biches nördlich von Port Louis, Belle Mare Plage und Île aux Cerfs an der Ostküste, Le Morne und Flic en Flac an der Westküste. Allerdings ist das Wasser meist nicht sehr tief, daher ideal für Kinder, da das Korallenriff fast die gesamte Insel umgibt und die Wellen abhält.

Vorsicht vor Seeigeln und Steinfischen! Auch wegen der Korallen an manchen Stränden sind Badeschuhe zu empfehlen.

Canyoning

Unter der Leitung von Daniel Colin, einem Mauritier mit jahrelanger Erfahrung im Canyoning, können Anfänger und erfahrene Kletterer die Naturschönheiten der Insel hautnah erleben, z. B. im Black River Gorges Nationalpark. Info:

MTTB/Mautourco, 84 Gustave Colin Street, Forest Side, Tel. 6 70 43 01, Fax 6 75 64 25, www.mautourco.com.

Golf

Die Urlauberklientel in Mauritius ist exklusiv und so sind viele größere Hotels mit eigenen Golfanlagen vor der Haustür ausgestattet, z. B.: 9-Loch-Plätze im Maritim, Le Saint Géran, Shandrani, Sofitel Imperial sowie 18-Loch-Plätze im Belle Mare Plage, Gymkhana Club im Zentrum (Vacoas), Le Paradis. Die Lage der Golfplätze macht sie so besonders: Der über die Küste brausende Wind stellt für Könner eine Herausforderung dar, der Golfer hat stets den Indischen Ozean im Blick und vielleicht kann er sich mit einem der internationalen Golfstars messen, die regelmäßig auf Mauritius spielen und Urlaub machen. Urlauber können auch an Golfturnieren teilnehmen: *Mauritius Open* (Dezember; Belle Mare Plage Hotel, www.bellemareplagehotel.com) und *Golf Trophy* (November/Dezember für Schweizer und Januar/Februar für Deutsche; Le Paradis Hotel, Infos über Beachcomber, Tel. in Deutschland 089/6 29 84 90). Spezielle Golftouren werden als Individual- oder Gruppenreisen bei diversen Reiseveranstaltern angeboten.

Katamaran

Populär sind Fahrten mit dem Katamaran und dem Unterwasser-Panoramaboot ›Le Nessee‹ (Grand Baie; viermal täglich) oder für frisch Vermählte das ›Starlight-Dinner‹ an Bord einer Segeljacht, z. B. auf den Booten ›Le Pacha‹, ›Ocean Murmur‹, ›Shandrani‹ und ›Maeva‹.

Croisières Turquoise, Coastal Road, Barachois, Mahébourg, Tel. 6 31 83 47, Fax 6 31 15 44, croistur@intnet.mu

Blue Safari, Royal Road, Grand Baie, Tel. 2 63 33 33, Fax 2 63 33 34, www.blue-safari.com

Terres Océanes, Cap Malheureux, Tel. 2 62 71 88, Fax 2 62 71 89, terresoceanes@intnet.mu

Reiten und Pferderennen

Reitpferde und Ponys für Kinder stehen an vielen Stränden zur Verfügung, die Domaine Les Pailles bietet mehrstündige Ausritte, auch bei Vollmond (Reitstall: Les Ecuries, Domaine Les Pailles).

Jeden Samstag in der Saison zwischen Mai und November treffen sich die Pferdesportfreunde in Port Louis auf dem Champ de Mars, einer der ältesten Pferderennbahnen der Welt. Seit 1812 frönen die Kolonialbeamten, Plantagenbesitzer und heute die Geschäftsleute dieser Wettleidenschaft.

Mauritius Turf Club, Rue Dr. Eugène Laurent, Tel. 2 11 21 47, Fax 2 08 32 11, www.mauritiusturfclub.com

Segeln

Die Inselwelt um Mauritius lässt sich hervorragend mit dem Segelboot erkunden. Das Chartern einer Jacht oder ein organisierter Segeltörn gehören zu jedem Mauritiusurlaub wie das Curry ins Essen. Am beliebtesten ist der Ausflug mit dem historischen Segelschiff ›Isla Mauritia‹ (1852 in Mallorca erbaut), das regelmäßig an der Westküste entlangsegelt. Die **ADAC-Sportschifffahrt** erteilt ausführliche Informationen unter: Tel. 089/7 67 60, www.adac.de/sportschifffahrt.

Yacht Charters, Coastal Road, Grand Baie, Tel. 2 63 83 95, Fax 2 63 78 14.

Croisières Turquoise, Coastal Road, Barachois, Mahébourg, Tel. 6 31 83 47, Fax 6 31 15 44, croistur@intnet.mu

Tauchen und Schnorcheln

Die Unterwasserwelt von Mauritius ist atemberaubend: Der Korallenring umschließt die Insel fast vollständig (außer im Süden) und daher ist die Lagune ein Paradies für Schnorchler und Taucher. In den meisten Hotels und Badeorten werden Tauchlehrgänge und -exkursionen von qualifizierten Lehrern angeboten, mitsamt der Ausrüstung (Taucher müssen mindestens 16 Jahre alt sein und eine Gesundheitsbescheinigung mitbringen). Die Tauchzentren auf Rodrigues sind in den Hotels Mourouk Ebony und Cotton Bay beheimatet.

Die meisten Tauchgründe liegen kaum 1/2 Std. Bootsfahrt von der Küste entfernt. Es herrschen angenehme 27 °C Wassertemperatur, allerdings kann im Januar und Februar das Wasser wegen eventueller Zyklone für Taucher zu aufgewühlt sein, ebenso an der Ostküste und auf Rodrigues im Juli und August (beste Tauchzeit in Rodrigues: Oktober und November).

Die Sichtweite unter Wasser ist an der windabgewandten Westseite besonders gut, sie beträgt selten weniger als 30 m.

Zu den Attraktionen unter Wasser gehören Sandbänke, Korallengärten, steile Felswände und Vulkanriffe, versunkene oder mit Absicht versenkte Schiffswracks, Schwämme und Seeanemonen. In diesem Garten Eden tummeln sich Löwenfische (mit federartigen, gefährlich stachligen Flossen), Engelbarsche, Dicklippen- und Trompetenfische, Clown- und Papageienfische, Tintenfische, Hummer und Langusten.

Das Berühren und Abbrechen der Korallen sowie das Sammeln von Muscheln oder das Speerfischen sind verboten! Man sollte sich auch beim Schnorcheln nicht zum Ausruhen auf die Korallen stellen, sondern lieber mit einer Schwimmweste losschnorcheln, was ohnehin auch für gute Schwimmer entspannender ist (T-Shirt und Shorts wegen der Sonneneinstrahlung anziehen!).

Mauritian Scuba Diving Association (MSDA), 36 bis Meldrum Street, Beau Bassin, Tel./Fax 4 54 00 11, msda@intnet.mu (25 Tauchzentren und fünf -klubs sind hier angeschlossen).

Rodrigues Underwater Group, Pointe Monier, Tel. 8 31 20 32, Fax 8 31 21 28.

Tennis, Squash und Radfahren

Die meisten Hotels haben Tennisplätze mit Flutlichtanlagen. Den einzigen Sandplatz hat das Hotel Belle Mare Plage. Squashplätze sind ebenso vorhanden.

Aufgetaucht – Rückkehr von einem faszinierenden Taucherlebnis im Indischen Ozean

Die Hotels verleihen auch Fahrräder und Mofas, mit denen man die Umgebung erkunden kann.

Unterwasserspaziergänge

Der besondere Urlaubsclou in Mauritius sind Unterwasserspaziergänge in Grand Baie und Belle Mare. Dabei können auch Nichttaucher, Nichtschwimmer und Kinder den Fischen und Korallen ganz nahe kommen. Die Spaziergänger setzen einen Helm auf – und los geht's [s. S. 44].

Captain Nemo's Undersea Walk Ltd., Grand Baie, Uferpromenade nahe der Caltex-Tankstelle, Tel. 2 63 78 19, Fax 2 63 31 01, www.captainemo-underseawalk.com

Vogelbeobachtung

Für die Vogelbeobachtung zieht es viele Besucher in die Domaine du Chasseur (Domaine des Grands Bois, Nr. 18). Besucher können außerdem an der Westküste bei Grande Rivière Noire die Wissenschaftler und Tierschützer der Mauritius Wildlife Foundation (MWF) besuchen (telefonische Anmeldung erforderlich). Eine große Chance, dem berühmten Mauritius-Falken zu begegnen, besteht im Black River Gorges National Park. Hier hat sich das Falkenprojekt der MWF mit spektakulären Zuchterfolgen einen Namen gemacht [s. S. 88 f.].

Wandern im urwüchsigen Black River National Park

Walbeobachtung

Agenturen organisieren ein Stelldichein mit Delphinen und Walen (im mauritischen Winter nur Wale). Diese Touren beginnen an der Nordküste von Mauritius.

Wandern und Trekking

Etwa 3% der Landesfläche sind Wälder im Originalzustand und stehen unter Naturschutz. Einige der bizarren **Bergspitzen** der Insel können auf Tagesausflügen bestiegen werden: die beiden Berge Le Pouce bei Port Louis (ca. 4 Std.) und der Piton de la Petite Rivière Noire (Black River Peak; 1–2 Std.) sind die beliebtesten Bergwanderziele, die auf ihren Gipfeln mit fantastischen Panoramen belohnen [s. S. 33 und 90]. Die **Naturschutzgebiete** sind täglich zwischen 6 und 18 Uhr geöffnet. Hier gibt es vorwiegend leichte Wege, machbar mit Turnschuhen (geriffelte Sohle), Wegweiser sind teilweise vorhanden, Führer werden über Reiseveranstalter gestellt bzw. in den Naturschutzgebieten (z. B. Domaine Les Pailles, Domaine du Chasseur, Reserve Naturelle de Wolmar). Trinkwasser und Verpflegung sollte man mitnehmen.

Zwei Beispiele: Die **Montagne du Rempart** bei Tamarin lockt allein schon wegen ihrer bizarren Form zur Eroberung: Der rund dreistündige Aufstieg sei jedoch nur erfahrenen Bergsteigern empfohlen und führt über Eisenhaken, Simse und einen steilen Grat in die Höhe. Der **Pieter Both** (mit 821 m zweithöchster Berg) ist sehr schwierig zu besteigen (hochhangeln an Seil und Eisenhaken), daher nur für geübte Bergkletterer zu empfehlen. Der Aufstieg dauert ab Grève Cœur etwa 1 Std.

Wasserski und Windsurfen

Kanus, Surfbretter, Tretboote und andere sportliche Geräte sind meist in den Hotels kostenlos zu erhalten, in manchen Anlagen ist sogar das Wasserskifahren gratis. Die besten Surfplätze für Anfänger sind die Südwestküste und die Westküste bei Tamarin. Die Ostküste erfreut erfahrene Surfer vor allem im Sommer mit richtigen Wellen und jeder Menge Wind. Auf Rodrigues treffen sich die Surfer an der Südostküste beim Hotel Mourouk Ebony (beste Zeit: Oktober und November). Wassersportzentren sind insbesondere in Choisy und Blue Bay entstanden. Aus Rücksicht auf die Umwelt ist das Jetskifahren verboten.

Statistik

Lage und Geographie: Zur Republik Mauritius gehören neben der Hauptinsel Mauritius vier weitere Inseln: Rodrigues (ca. 600 km nordöstlich) sowie das winzige Cargados-Carajos-Archipel und die beiden Agalega-Inseln weit im Norden. Mauritius liegt vor der südöstlichen Flanke Afrikas (1800 km), östlich von Madagaskar (855 km) und nordöstlich von Réunion (200 km), knapp über dem Wendekreis des Steinbocks im Indischen Ozean. Die Vulkaninseln Mauritius und Rodrigues – beide von Korallenriffen umgeben – bilden mit dem französischen Überseedepartement Réunion die Inselgruppe der Maskarenen. Die markanten bergigen Erhebungen und Vulkankegel sind Wahrzeichen der Insel Mauritius und gehören zu einem zentralen Gebirgskamm. Höchster Berg ist der Piton de la Rivière Noire mit 828 m, längster Fluss die Grande Rivière Sud-Est mit 50 km.

Fläche: Mauritius ist rund 1865 km^2 groß, 45 km breit, 65 km lang (etwa halb so groß wie Mallorca), Rodrigues misst 8 x 18 km (ca. 150 km^2).

Bevölkerung: Rund 1,2 Mio. Mauritianer leben auf beiden Inseln (37 000 auf Rodrigues). Die Bevölkerung ist multikulturell und setzt sich zusammen aus afrikanischen, indischen, europäischen (vor allem französischen) und chinesischen Einwanderern, die den vier großen Weltreligionen angehören: Hindus (52 % der Gesamtbevölkerung), Christen (30 %) und Muslime (16 %). Die buddhistischen Chinesen stellen mit ca. 2 % eine Minderheit dar. Die Hindus und Muslime sind indisch-pakistanischer Abstammung (69 % der Bevölkerung), die Kreolen sind Nachfahren der afrikanischen und europäischen Einwanderer und Sklaven (25 %), hinzu kommen die christlichen Europäer (3 %). Mauritius hat das höchste Pro-Kopf-Einkommen des Kontinents Afrika: rund 3600 € im Jahr.

Verwaltung: Mauritius ist eine parlamentarische Republik im Commonwealth. Staatsoberhaupt ist der Staatspräsident, die Regierungsgeschäfte führt der Premierminister, die legislative Gewalt liegt bei der Nationalversammlung. Das 70-köpfige Parlament, die National Assembly, wird alle fünf Jahre gewählt. Der Inselstaat ist untergliedert in zehn Distrikte, hinzu kommen die drei Inseldependancen Agalega, Cargados-Carajos und Rodrigues.

Hauptstadt: Port Louis mit rund 170 000 Einwohnern.

Wirtschaft: Für viele afrikanische Staaten hat Mauritius eine Vorbildfunktion. Der kleine Inselstaat befindet sich an der Schwelle zur Industrienation. Das Bruttosozialprodukt ist das zweithöchste im afrikanischen Wirtschaftsraum nach den Seychellen, die Arbeitslosigkeit mit ca. 2 % die niedrigste. Die drei bedeutendsten Exportprodukte bzw. Devisenbringer sind Zuckerrohr (ca. 600 000 t pro Jahr), mit dem die Hälfte der Inselfläche bebaut ist, Textilien und Elektrogeräteherstellung sowie der Tourismus mit rund 760 000 Besuchern im Jahr 2005.

Unterkunft

Bed & Breakfast und Jugendherbergen sind auf Mauritius nicht vorhanden.

Camping

Campen ist nur an öffentlichen Plätzen erlaubt, z. B. an den Stränden von Flic en Flac und Mont Choisy. Die Plätze sind sehr einfach ausgestattet. Im Trend sind neuerdings Camps in der ›Wildnis‹ der Naturparks – natürlich mit allem Komfort.

Hier kommt Erfrischung – was wohl in den Körbchen schlummert?

Ferienhäuser und Pensionen

Individualreisende und Familien haben auf Mauritius eine große Auswahl an Villen und Ferienhäusern, Bungalows, Apartments und Studios (ab ca. 50–200 € pro Tag), auch mit Butler, Köchin und Hausmädchen. Viele Unterkünfte sind günstiger, wenn sie im Paket in Deutschland gebucht werden. Darüber hinaus gibt es kleine Gästehäuser und Pensionen (Chambres d'hôtes) mit Unterkunft bei Familien, sogar zu erstaunlich niedrigen Preisen. Besonders im eher ländlichen Rodrigues ist dies eine preiswerte Möglichkeit, den Urlaub zu verbringen.

Deutschland: **Mauritius Individuell**, Hauptstraße 11, 21614 Buxtehude, Tel. 0 41 61/86 67 90, Fax 0 41 61/8 66 79 16, www.mauritius-individuell.de

Mauritius: **Ward Enterprises**, Grand Gaube, Tel. 2 88 99 64, Fax 4 67 62 22, wel@intnet.mu

Rodrigues: **Rodtours**, Camp du Roi, Tel. 002 30/831 22 49, Fax 002 30/831 22 67, rodtours@intnet.mu

Hotels

Die so luxuriösen wie originellen Hotelanlagen auf Mauritius haben einen legendären Ruf, sind aber auch entsprechend teuer. Berühmt sind die Anlagen nicht nur für Lage und Ausstattung, sondern für den unvergleichlichen Service und die durchweg hervorragenden Restaurants. Vor allem die Prominenz lässt sich die vergleichsweise ruhige, exklusive

Räume für Träume – Mauritius ist eine Ferieninsel mit erlesen gestylter Hotellerie

Atmosphäre etwas kosten. In den Lobbys oder Restaurants kann dem Urlauber auf Mauritius schon mal das eine oder andere bekannte Gesicht begegnen: Hollywood-Stars, Literaten, Modezaren und Mitglieder von Königshäusern.

Die meisten Hotels liegen für sich (besonders an der Ostküste) und selbstverständlich durchweg an den schönsten Küstenstreifen der Insel, die Bauten dürfen laut Gesetz nicht höher als die umliegenden Bäume sein.

Mittlerweile sind viele Häuser – insgesamt gibt es auf Mauritius ca. 90 Hotels und 60 Apartmentanlagen – etwas erschwinglicher geworden und öffnen sich dem All-inclusive-Publikum (wie z. B. das Coco Beach an der Ostküste); Wassersportangebote sind ohnehin oft im Preis inbegriffen. Die meisten Luxushotels sind behindertengerecht ausgestattet.

Die bekanntesten Hotelvertretungen in Deutschland sind:

Beachcomber Hotels, Dianastr. 4, 85521 Ottobrunn bei München, Tel. 089/629 84 90, Fax 089/6 09 68 11, www.beachcomber-hotels.com (z. B. La Mauricia, Le Canonnier, Le Paradis, Le Victoria, Royal Palm, Shandrani, Trou aux Biches).

One & Only Resorts, Feldbergstr. 8 b, 61440 Oberursel/Taunus, Tel. 0 61 71/6 36 00, Fax 0 61 71/63 60 90, www.oneandonlyresorts.com (z. B. Saint Géran, Coco Beach, La Pirogue, Le Touessrok, Sugar Beach Resort).

Preis-Kategorien

(Preise für Doppelzimmer)

Einfache Privatunterkünfte bei Familien: ab 10 €

Hotels und (Jagd-)Hütten der einfachen Klasse: 30–50 €

Mittelklassehotels am Strand: 50–100 €

Gehobene Mittelklasse: ab 100–150 €

Luxusklasse: ab 150 €

Spitzenklasse/Leading Hotels of the World: ca. 200 € (z. B. Royal Palm, Saint Géran, Touessrok, Le Paradis).

Allen Preisen werden grundsätzlich 10 % Government Tax aufgeschlagen.

Verkehrsmittel im Land

Boot

Ausflugsboote zu den vorgelagerten Inseln legen meist von den Hotels ab, gegen Gebühr auch für Nicht-Hotelgäste. Außerdem gibt es teilweise öffentliche Fähren (Île aux Cerfs) sowie Boote für Exkursionen (über Reiseagenturen und über die Rezeptionen zu mieten).

Zwischen Port Louis und Grand Baie verkehrt zweimal täglich der Katamaran ›Harris Wilson‹ als Shuttle-Service.

Croisières Australes, 84 Gustave Colin Street, Curepipe, Tel. 6 74 36 95, Fax 6 76 55 30, Tel. in Grand Baie 2 63 55 62.

Bus

Das Busnetz auf beiden Inseln ist gut ausgebaut (Fahrscheine ab 2 Rs). Allerdings verkehren die Busse nur während des Tages ab etwa 6.30 bis gegen 18 Uhr (in den Städten 5.30 bis ca. 20 Uhr, auf der Strecke Port Louis – Curepipe bis 23 Uhr). Expressbusse sind den normalen Bummelbussen vorzuziehen, die an jeder Haltestelle und auch auf Handzeichen anhalten.

Fähre

Dreimal im Monat fährt der Frachter ›Mauritius Pride‹ mit Passagieren von Port Louis, Mauritius nach Port Mathurin, Rodrigues. Eine Überfahrt dauert ca. 26 Stunden.

Mauritius Shipping Co. Ltd., Naval Building, 1, Military Road, Port Louis, Tel. 2 42 52 55, Fax 2 42 52 45, www.mauritiusshipping.intnet.mu

Rodrigues: Duncan Street, Port Mathurin, Tel. 8 31 06 40, Fax 8 31 06 41

Flugzeug

Air Mauritius bietet bis zu viermal täglich einen Flug nach/von Rodrigues (ca. 90 Minuten). Außerdem bestehen Verbindungen auf die Komoren, Madagaskar, Réunion und die Seychellen.

Air Mauritius, Air Mauritius Centre, Port Louis: Tel. 2 07 70 70, Fax 208 83 31, Reservation: 2 07 75 75, www.airmauritius.com.

Rodrigues: Air Mauritius, Port Mathurin, Tel. 8 31 15 58, Fax 8 31 13 21.

Deutschland: Air Mauritius, Frankfurt/Main, Tel. 069/24 00 19 99, Fax 069/24 00 19 19

Flughafen Mauritius: 6 03 30 30

Flughafen Rodrigues: 8 32 77 00

Helikopter

Für den Transport vom Flughafen zu den Hotels und für individuelle Rundflüge über Mauritius und seine Inselwelt können Hubschrauber von Air Mauritius gechartert werden.

Info: Tel. 2 08 77 00 und -10, Reservierung: Tel. 6 03 37 54 und -55, 6 37 35 52, Fax 6 37 41 04 und 6 37 34 24, helicopter@airmauritius.com

Mietwagen und -mofa

Selbstfahrer haben die beste Möglichkeit, die Insel zu erkunden, man sollte jedoch defensiv fahren, da auf Mauritius Linksverkehr herrscht! Vorsicht ist besonders vor nicht einsehbaren Kurven angebracht.

Mietwagen kosten ab ca. 40–70 € pro Tag (je nach Modell). Rabatt ist möglich für längere Zeiträume. Eine rechtzeitige Reservierung ist für die Hauptsaison zwischen Oktober und April empfehlenswert. Auch Wagen mit Fahrer werden vermietet. Für Mitglieder bietet die **ADAC-Autovermietung GmbH** günstige Konditionen. Buchungen über die ADAC-Geschäftsstellen oder unter Tel. 0 18 05/31 81 81 (0,12 €/Min.).

Mofas sollten vor dem Start auf ihre Fahrtüchtigkeit überprüft werden, besonders Bremsen und Hupe.

Taxi

Die Taxis verfügen zwar über einen Taxameter, er wird jedoch oft nicht eingeschaltet, da es Preislisten für die meisten Strecken gibt. Der Fahrgast sollte den Fahrpreis vor dem Einsteigen erfragen bzw. auf das Einschalten des Taxameters bestehen. Ab 20 Uhr zahlt man im Nachttarif ca. 40 % mehr. Auch die vor Hotels und am Flughafen wartenden Taxis verlangen ca. 11 % Aufschlag. Für Tagestouren sind Pauschalpreise auszuhandeln, die unter den Mietwagenpreisen liegen sollten. Pro größerem Gepäckstück werden 15 Rs berechnet. Außerdem sollte bei Tagesausflügen abgesprochen werden, ob Abstecher zu Schneidereien und Schmuckläden gewünscht sind, um ungewollte ›Einkaufsfahrten‹ zu vermeiden (manche Fahrer erhalten von manchen Läden Provision).

Volle Fahrt voraus – Boote bringen Urlauber zu Inseln und Stränden der Umgebung

Sprachführer

Französisch für die Reise

Das Wichtigste in Kürze

Ja/Nein	*Oui/Non*
Bitte/Danke	*S'il vous plaît/Merci*
In Ordnung./Einverstanden.	*Très bien./D'accord.*
Entschuldigung!	*Pardon!/Excuse(z)-moi!*
Wie bitte?	*Comment?/Vous dites?*
Ich verstehe Sie nicht.	*Je ne vous comprends pas.*
Ich spreche nur wenig Französisch.	*Je ne parle que peu le français.*
Können Sie mir bitte helfen?	*Pourriez-vous m'aider, s'il vous plaît?*
Das gefällt mir (nicht).	*Cela (ne) me plaît (pas).*
Ich möchte ...	*Je voudrais ...*
Haben Sie ...?	*Avez-vous ...?*
Gibt es ...?	*Y a-t-il ...?*
Wie viel kostet das?	*Cela coûte combien?*
Kann ich mit Kreditkarte bezahlen?	*Puis-je régler avec une carte de crédit?*
Wie viel Uhr ist es?	*Quelle heure est-il?*
Guten Morgen!/Guten Tag!	*Bonjour!*
Guten Abend!	*Bonsoir!*
Gute Nacht!	*Bonne nuit!*
Hallo!/Tschüs!	*Salut!*
Mein Name ist ...	*Je m'appelle ...*
Wie ist Ihr Name, bitte?	*Quel est votre nom, s'il vous plaît?*
Wie geht es Ihnen?	*Comment allez-vous?*
Auf Wiedersehen!	*Au revoir!*
Bis bald!	*A bientôt!*
Bis morgen!	*A demain!*
gestern/heute/morgen	*hier/aujourd'hui/demain*
am Vormittag/am Nachmittag	*le matin/l'après-midi*
am Abend/in der Nacht	*le soir/la nuit*
um 1 Uhr/2 Uhr ...	*à une heure/à deux heures ...*
um Viertel vor/nach ...	*à ... moins le quart/et quart*
um ... Uhr 30	*à ... heure(s) trente*
Minute(n)/Stunde(n)	*minute(s)/heure(s)*
Tag(e)/Woche(n)	*jour(s)/semaine(s)*
Monat(e)/Jahr(e)	*mois/an(s)/année(s)*

Zahlen

0	*zéro*	19	*dix-neuf*
1	*un*	20	*vingt*
2	*deux*	21	*vingt-et-un*
3	*trois*	22	*vingt-deux*
4	*quatre*	30	*trente*
5	*cinq*	40	*quarante*
6	*six*	50	*cinquante*
7	*sept*	60	*soixante*
8	*huit*	70	*soixante-dix*
9	*neuf*	80	*quatre-vingt*
10	*dix*	90	*quatre-vingt-dix*
11	*onze*	100	*cent*
12	*douze*	200	*deux cents*
13	*treize*	1000	*mille*
14	*quatorze*	2000	*deux mille*
15	*quinze*	10 000	*dix mille*
16	*seize*	100 000	*un million*
17	*dix-sept*	½	*un demi*
18	*six-huit*	¼	*un quart*

Wochentage

Montag	*lundi*
Dienstag	*mardi*
Mittwoch	*mercredi*
Donnerstag	*jeudi*
Freitag	*vendredi*
Samstag	samedi
Sonntag	*dimanche*

Monate

Januar	*janvier*
Februar	*février*
März	*mars*
April	avril
Mai	*mai*
Juni	juin
Juli	*juillet*
August	*août*
September	*septembre*
Oktober	*octobre*
November	*novembre*
Dezember	*décembre*

Maße

Kilometer	*kilomètre*
Meter	*mètre*
Zentimeter	*centimètre*
Kilogramm	*kilogramme*
Pfund	*livre*
Gramm	*gramme*
Liter	*litre*

Unterwegs

Nord/Süd/West/Ost	*nord/sud/ouest/est*
oben/unten	*en haut/dessous*
geöffnet/geschlossen	*ouvert/fermé*
geradeaus/links/ rechts/zurück	*tout droit/gauche/ droite/ en arrière*
nah/weit	*proche/loin*
Wie weit ist das?	*A quelle distance d'ici se trouve-t-il?*
Wo sind die Toiletten?	*Où sont les toilettes?*
Wo ist die (der) nächste ...	*Où se trouve ...*
Telefonzelle/	*la cabine téléphoni-*
que/	
Bank/	*la banque/*
Post/	*le bureau de poste/*
Polizei/	*le poste de police/*
Geldautomat?	*le distributeur de billets*
	la/le plus proche?
Wo ist ...	*Où se trouve ...*
der Bahnhof/	*la gare/*
die U-Bahn/	*le métro/*
der Flughafen?	*l'aéroport?*
Wo finde ich ...	*Où se trouve ...*
eine Bäckerei/	*une boulangerie/*
ein Fotogeschäft/	*un magasin photographiques/*
ein Kaufhaus/	*un grand magasin/*
ein Lebensmittel-geschäft/	*une épicerie/*
einen Markt?	*un marché?*
Ist das der Weg/ die Straße nach ...?	*Est-ce que c'est le chemin/ la route/ la rue pour ...?*
Gibt es einen anderen Weg?	*Y a-t-il un autre chemin?*
Ich möchte mit dem Zug/Schiff/ Fähre/Flugzeug nach ... fahren.	*Je voudrais prendre le train/le bateau/ le ferry-boat/l'avion pour ...*
Ist der Preis für Hin- und Rückfahrt?	*Est-ce que c'est le prix aller-retour?*
Wie lange gilt	*Pour combien de*
temps	
das Ticket?	*le ticket sera valide?*
Wo ist das Fremden-verkehrsamt/ Reisebüro?	*Où se trouve l'Office de Tourisme/ l'agence de voyages?*
Ich benötige eine Hotelunterkunft.	*J'ai besoin d'un hôtel.*
Wo kann ich mein Gepäck lassen?	*Où puis-je laisser mes bagages?*
Ich habe meinen Koffer verloren.	*J'ai perdu ma valise.*
Ich möchte eine Anzeige erstatten.	*Je voudrais déposer une plainte.*
Man hat mir ...	*On m'a volé ...*
Geld/	*de l'argent/*
meine Tasche /	*mon sac/*
meine Papiere/	*mes papiers/*
die Schlüssel/	*les clés/*
meinen Fotoapparat/	*mon appareil photo/*
meinen Koffer/	*ma valise/*
mein Fahrrad gestohlen.	*ma bicyclette.*

Freizeit

Ich möchte ein ...	*Je voudrais louer ...*
Fahrrad/	*une bicyclette/*
Motorrad/	*une moto/*
Surfbrett/	*une planche à voile/*
Mountainbike/ Boot/	*un v.t.t./un bateau/*
Pferd mieten.	*un cheval.*
Gibt es ein(en) ...	*Y a-t-il ...*
Freizeitpark/	*un parc d'attractions/*
Freibad/	*une piscine/*
Golfplatz/	*un terrain de golf/*
Strand in der Nähe?	*la plage près d'ici?*
Wann hat ... geöffnet?	*Quelles sont les horaires d'ouverture ...?*

Bank, Post, Telefon

Ich möchte Geld wechseln.	*Je voudrais changer de l'argent.*
Brauchen Sie meinen Ausweis?	*Avez-vous besoin de ma carte d'identité?*

Hinweise zur Aussprache

ai	wie ›ä‹, Bsp.: l**ai**t
au	wie ›o‹, Bsp.: **au**to, g**au**che
eu	wie ›ö‹, Bsp.: p**eu**, d**eu**x
ou	wie ›u‹, Bsp.: r**ou**ge
ue	wie ›ü‹, Bsp.: r**ue**, aven**ue**
c	vor ›e‹ und ›i‹ wie ›s‹, Bsp.: **c**e, **c**ide
c	vor ›a‹ und ›o‹ wie ›k‹, Bsp.: **c**abinet, **c**ompagnie
ch	wie ›sch‹ Bsp.: **ch**ips
h	am Wortanfang ist immer stumm, Bsp.: **h**ommage
g	vor ›e‹ und ›i‹ wie ›dsch‹, Bsp.: **g**entille, **g**ilet
gn	wie ›nj‹, Bsp.: co**gn**ac, a**gn**eau
p, s, t	sind am Wortende meist stumm, Bsp.: tro**p**, trè**s**, mo**t**
-tion	bei dieser Silbe ›t‹ wie ›s‹, Bsp.: na**t**ion
q, qu	wie ›k‹, Bsp.: co**q**, **qu**i
v	wie ›w‹, Bsp.: **v**ie
z	wie ›s‹, Bsp.: **z**éro

Wo soll ich unterschreiben?	*Où dois-je signer?*
Ich möchte eine Telefonverbindung nach ...	*Je voudrais une communication avec ...*
Wie lautet die Vorwahl für ...?	*Quel est le préfixe pour ...?*
Wo gibt es ...	*Où peut-on trouver ...*
Münzen für den Fernsprecher/	*des jetons/*
Telefonkarten/	*des cartes téléphoniques/*
Briefmarken?	*des timbres?*

Tankstelle

Wo ist die nächste Tankstelle?	*Où est-ce que la station d'essence la plus proche?*
Ich möchte ... Liter ...	*Je voudrais ... litres ...*
Super/ Diesel	*de super/ de gasoil*
bleifrei/	*sans plomb*
mit ... Oktan.	*à ... octane.*
Volltanken, bitte.	*Faites le plein, s'il vous plaît.*
Prüfen Sie bitte ...	*Vérifiez s'il vous plaît, ...*
den Reifendruck/	*la pression de gonflage/*
den Ölstand/	*le niveau d'huile/*
den Wasserstand/	*le niveau d'eau/*
das Wasser für die Scheibenwischanlage/	*l'eau pour le système essuieglaces/*
die Batterie.	*la batterie.*
Würden Sie bitte ...	*Pourriez-vous s'il vous plaît ...*
den Ölwechsel vornehmen/	*faire la vidange d'huile/*
den Radwechsel vornehmen/	*effectuer le changement de roue(s)/*
die Sicherung austauschen/	*échanger le fusible/*
die Zündkerzen erneuern/	*échanger les bougies/*
die Zündung nachstellen?	*régler l'allumage?*

Panne

Ich habe eine Panne.	*Je suis en panne.*
Der Motor startet nicht.	*Le moteur ne démarre pas.*
Ich habe die Schlüssel im Wagen gelassen.	*J'ai laissé les clés dans la voiture.*
Ich habe kein Benzin/Diesel.	*Je n'ai plus d'essence/de diesel.*
Gibt es hier in der Nähe eine Werkstatt?	*Est-ce qu'il y a un garage près d'ici?*
Können Sie mein Auto abschleppen?	*Pourriez-vous remorquer ma voiture?*
Können Sie mir einen Abschleppwagen schicken?	*Est-ce que vous pouvez m'envoyer une dépanneuse?*
Können Sie den Wagen reparieren?	*Pouvez-vous réparer la voiture?*
Wann wird er fertig sein?	*Quand sera-t-elle prête?*

Mietwagen

Ich möchte ein Auto mieten.	*Je voudrais louer une voiture.*
Was kostet die Miete ...	*Combien coûte la location ...*
pro Tag/pro Woche/	*par jour/par semaine/*
mit unbegrenzter km-Zahl/	*avec kilométrage illimité/*
mit Kaskoversicherung/	*avec assurance tous risques/*
mit Kaution?	*avec la caution?*
Wo kann ich den Wagen zurückgeben?	*Où puis-je rendre le véhicule?*

Unfall

Hilfe!	*Au secours!*
Achtung!/Vorsicht!	*Attention!*
Bitte rufen Sie schnell ...	*S'il vous plaît, appelez vite ...*
einen Krankenwagen/	*une ambulance/*
die Polizei/	*la police/*
die Feuerwehr.	*les sapeurs-pompiers.*
Es ist (nicht) meine Schuld.	*C'est (ce n'est pas) de ma faute.*
Geben Sie mir bitte Ihren Namen und Ihre Adresse.	*Veuillez me donner votre nom et adresse, s'il vous plaît.*
Ich brauche die Angaben zu Ihrer Autoversicherung.	*J'aurais besoin des données de votre assurance automobile.*

Krankheit

Können Sie mir einen guten Deutsch sprechenden Arzt/ Zahnarzt empfehlen?	*Pourriez-vous me conseiller un bon médecin/ dentiste qui parle allemand?*
Wann hat er Sprechstunde?	*Quelles sont ses heures de consultation?*
Wo ist die nächste Apotheke?	*Où est-ce que se trouve la pharmacie la plus proche?*
Ich brauche ein Mittel gegen ...	*J'aurais besoin d'un médicament contre ...*

Durchfall/ Fieber/ Insektenstiche/ Verstopfung/ Zahnschmerzen.	*la diarrhée/ la fièvre/ les piqûres d'insecte/ la constipation/ le mal de dents.*

Im Hotel

Ich habe bei Ihnen ein Zimmer reserviert.	*J'ai réservé une chambre chez vous.*
Haben Sie ein ... Einzel-/ Doppelzimmer ...	*Auriez-vous ... une chambre à un lit/une chambre à deux lits*
mit Dusche/ mit Bad/WC?	*avec douche/ avec salle de bains/WC?*
für eine Nacht/ für eine Woche?	*pour une nuit/ pour une semaine/*
mit Blick aufs Meer?	*avec vue sur la mer?*
Was kostet das Zimmer ...	*Combien coûte la chambre ...*
mit Frühstück/ mit Halbpension/ mit Vollpension?	*avec petit-déjeuner/ avec demi-pension/ avec pension complète?*
Wie lange gibt es Frühstück?	*Jusqu'à quelle heure peut-on prendre le petit-déjeuner?*
Ich möchte um ... Uhr geweckt werden.	*Je voudrais qu'on me réveille à ... heure(s).*
Ich reise heute Abend/ morgen früh ab.	*Je pars ce soir/ demain matin.*
Haben Sie ein Faxgerät/ Hotelsafe?	*Avez-vous un fax/ un coffre-fort?*

Im Restaurant

Wo gibt es ein gutes/günstiges Restaurant?	*Pourriez-vous m'indiquer un bon restaurant/un restaurant pas trop cher?*
Die Speisekarte/ Getränkekarte, bitte.	*Je voudrais la carte/ la carte des boissons, s'il vous plaît.*
Ich möchte das Tagesgericht/Menü (zu...)	*Je voudrais le plat du jour/le menu (à ...).*
Welches Gericht können Sie besonders empfehlen?	*Quel plat pourriez-vous recommander particulièrement?*
Ich möchte nur eine Kleinigkeit essen.	*Je voudrais manger qu'un petit quelque chose.*
Haben Sie vegetarische Gerichte?	*Avez-vous des plats végétariens?*
Können Sie mir bitte ... ein Messer/ eine Gabel/ einen Löffel bringen?	*Pourriez-vous m'apporter ... un couteau/ une fourchette/ une cuillère, s'il vous plaît?*
Darf man hier rauchen?	*Peut-on fumer ici?*
Die Rechnung bitte!	*L'addition, s'il vous plaît!*

Essen und Trinken

Apfel	*pomme*
Artischocke	*artichaut*
Austern	*huîtres*
Bier	*bière*
Brot/Brötchen	*pain/petit pain*
Butter	*beurre*
Ei	*œuf*
Eiscreme	*glace*
Erdbeeren	*fraises*
Essig	*vinaigre*
Fisch	*poisson*
Flasche	*bouteille*
Fleisch	*viande*
Fruchtsaft	*jus de fruits*
Gemüse	*légume*
Glas	*verre*
Hammelfleisch	*mouton*
Himbeeren	*framboises*
Hummer	*homard*
Joghurt	*yaourt*
Kaffee mit Milch	*café au lait*
Kaffee, schwarzer	*café noir*
Kalbfleisch	*veau*
Kartoffeln	*pommes de terre*
Käse	*fromage*
Krabben, Garnelen	*crevettes*
Kuchen	*gâteau*
Lammfleisch	*agneau*
Leber	*foie*
Leberpastete	*pâté de foie*
Meeresfrüchte	*fruits de mer*
Milch	*lait*
Mineralwasser (mit/ohne Kohlensäure)	*l'eau minérale (gazeuse/ non gazeuse)*
Obst	*fruits*
Öl	*huile*
Pfeffer	*poivre*
Pfirsiche	*pêches*
Reis	*riz*
Rindfleisch	*bœuf*
Salz	*sel*
Schinken	*jambon*
Schweinefleisch	*porc*
Spinat	*épinards*
Suppe	*soupe*
Wein (Weiß/Rot/Rosé)	*vin (blanc/rouge/rosé)*
Zwiebeln	*oignons*

ADAC Reiseführer in Top-Qualität. Pro Band 300–600 Sehenswürdigkeiten, 140–180 farbige Abbildungen und rund 40 TOP TIPPS.

Lieferbare Titel:

Ägypten
Algarve
Allgäu
Amsterdam
Andalusien
Australien
Bali & Lombok
Baltikum
Barcelona
Berlin
Bodensee
Brandenburg
Brasilien
Bretagne
Budapest
Bulg. Schwarzmeerküste
Burgund
City Guide Deutschland
City Guide Germany
Costa Brava & Costa Daurada
Côte d'Azur
Dänemark
Dominikanische Republik
Dresden
Dubai, Vereinigte Arabische Emirate, Oman
Elsass
Emilia Romagna
Florenz
Florida
Franz. Atlantikküste
Fuerteventura
Gardasee
Golf von Neapel
Gran Canaria
Hamburg
Harz
Hongkong & Macau
Ibiza & Formentera
Irland
Israel
Istrien & Kvarner Golf
Italienische Adria
Italienische Riviera
Jamaika
Kalifornien
Kanada - Der Osten
Kanada - Der Westen
Karibik
Kenia
Korfu & Ionische Inseln
Kreta
Kuba
Kroatische Küste - Dalmatien
Kykladen
Lanzarote
Leipzig
London
Madeira
Mallorca
Malta
Marokko
Mauritius & Rodrigues
Mecklenburg-Vorpommern
Mexiko
München
Neuengland
Neuseeland
New York
Niederlande
Norwegen
Oberbayern
Österreich
Paris
Peloponnes
Piemont, Lombardei, Valle d'Aosta
Polen
Portugal
Prag
Provence
Rhodos
Rom
Rügen, Hiddensee, Stralsund
Salzburg
Sardinien
Schleswig-Holstein
Schottland
Schwarzwald
Schweden
Schweiz
Sizilien
Spanien
St. Petersburg
Südafrika
Südengland
Südtirol
Sylt
Teneriffa
Tessin
Thailand
Toskana
Türkei - Südküste
Türkei - Westküste
Tunesien
Umbrien
Ungarn
USA - Südstaaten
USA - Südwest
Usedom
Venedig
Venetien & Friaul
Wien
Zypern

ADAC Reiseführer plus kombinieren Top-Reiseführer mit perfekten CityPlänen, Länder-Karten oder UrlaubsKarten. Kompakt und komplett im praktischen Klarsicht-Set!

Lieferbare Titel:

Ägypten
Allgäu
Amsterdam
Andalusien
Baltikum
Barcelona
Berlin
Berlin (engl.)
Bodensee
Brandenburg
Budapest
Côte d'Azur
Dänemark
Deutschland - Die schönsten Autotouren
Dresden
Franz. Atlantikküste
Fuerteventura
Gardasee
Gran Canaria
Hamburg
Harz
Irland
Istrien & Kvarner Golf
Ital. Adria
Ital. Riviera
Korfu/Ionische Inseln
Kreta
Kuba
Kroatische Küste - Dalmatien
Lanzarote 8/2007
Leipzig
London
Mallorca
Mecklenburg-Vorpommern
München
New York
Niederlande 8/2007
Norwegen
Oberbayern
Österreich
Paris
Polen
Portugal
Prag
Rhodos
Rom
Rügen, Hiddensee, Stralsund
Salzburg
Sardinien
Schleswig-Holstein
Schottland 8/2007
Schwarzwald
Schweden
Schweiz
Sizilien
St. Petersburg
Südafrika 8/2007
Südtirol
Sylt
Teneriffa
Toskana
Türkei - Südküste
Türkei - Westküste
Usedom
Venedig
Wien

Weitere Titel in Vorbereitung.

Mehr erleben, besser reisen.

Register

Impressum

Lektorat und Bildredaktion:
Johannes Graf v. Preysing
Aktualisierung: Renate Nöldeke, München
Karten: Mohrbach Kreative Kartographie, München
Herstellung: Martina Baur
Druck, Bindung: Stürtz GmbH, Würzburg
Printed in Germany

Ansprechpartner für den Anzeigenverkauf:
Kommunalverlag GmbH & Co KG,
MediaCenterMünchen, Tel. 089/92 80 96-44

ISBN 978-3-89905-477-4

Gedruckt auf chlorfrei gebleichtem Papier

Neu bearbeitete Auflage 2007

Bildnachweis

Umschlag-Vorderseite: Strandparadies Le Paradis zu Füßen des Le Morne Brabant. *Foto: Bildagentur Huber, Garmisch-Partenkirchen*

Titelseite:
Oben: An der Nordspitze von Mauritius: Îlot Gabriel (Wh. von S. 34)
Mitte: Sonnenuntergang am Belle Mare Plage (Wh. von S. 56)
Unten: Bizarre Bergkulisse: Gipfel der Trois Mamelles und des Montagne du Rempart (Wh. von S. 96)

AKG, Berlin: 12, 14, 15, 50, 74 – *Michael Fiala, Breitbrunn:* 6, 7 unten, 8 Mitte, 10 unten, 16/17, 27, 37, 51 (2), 60, 62, 63, 65, 69, 70 (2), 82, 84, 96 oben, 102, 103 oben, 104 oben, 105, 108 (2), 111 oben, 114 links, 116, 118 oben, 118 Mitte rechts, 126, 127 unten, 133 – *Bildagentur Huber, Garmisch-Partenkirchen:* 86 (R. Schmid) – *Roland Irek, Seelze:* 8 oben, 8 unten, 9 oben, 10 oben, 13, 22 unten, 25, 26, 28, 33, 34 oben, 38, 39, 40 unten, 42 (2), 43 (2), 47, 48, 49, 55, 58, 59, 66, 67, 81, 87, 91, 95 (2), 98 unten, 99, 106, 118 Mitte links, 123 unten, 124, 128, 134 – *Volkmar E. Janicke, München:* 19, 20, 21 oben, 23, 24 unten – *laif, Köln:* 9 Mitte, 11 Mitte, 31 unten, 34 unten, 40 oben, 52, 54, 61, 64, 72 (2), 77, 83 oben, 96 unten, 127 oben (Gernot Huber) – *LOOK, München:* 36 (Stefan Heigl), 41, 46, 73, 78 unten, 85 (Kay Maeritz), 98 oben (Stefan Heigl), 100 (Kay Maeritz) – *Mauritius, Mittenwald:* 11 oben (Hubatka) – *Harald Mielke/Naturbildarchiv, Sachsenried:* 7 oben, 10 Mitte, 44, 75, 89 unten, 101, 111 unten, 115 oben, 117, 131 – *Martina Miethig, Berlin:* 21 unten, 22 oben, 29, 31 oben, 53, 56 (2), 68, 71 oben, 76, 78 oben, 83 unten, 88, 89 oben, 90, 92, 94, 103 unten, 107 links, 112, 113, 114 rechts, 115 unten, 121, 123 oben, 125, 132, 135 – *Martin Thomas, Aachen:* 24 oben, 45, 71 unten, 80, 93, 107 rechts, 118 unten

ADAC
reisemagazin
Reisen mit Lust und Laune.
ADAC reisemagazin
BRETAGNE
Rau, aber herzlich
ADAC reisemagazin
FLORIDA
Sonne, Sand & Sterne
ADAC reisemagazin
MÜNCHEN
Die bewegte Stadt
ADAC reisemagazin
ROM
Ewig schön, ewig jung
ADAC reisemagazin
TOSKANA
Sanfte Hügel, süßes Leben
Die Reisemagazine vom ADAC gibt es für Städte, Länder und Regionen.
Alle zwei Monate neu.
ADAC reisemagazin
TÜRKEI
Mehr erleben
ADAC reisemagazin
VIETNAM
LAOS & KAMBODSCHA
Stop-over zwischen den Zeiten
ADAC reisemagazin
WIEN
Glanzvoller Auftritt
www.adac.de/reisemagazin